逆向思考的艺术

——与众不同的投资获利之道

[美]汉弗莱·B·尼尔 著

丁圣元 译

地震出版社

图书在版编目（CIP）数据
逆向思考的艺术：与众不同的投资获利之道/［美］尼尔著；丁圣元译．
—北京：地震出版社，2010．2（2022．11 重印）
ISBN 978-7-5028-3655-9-01

Ⅰ．①逆…　Ⅱ．①尼…②丁…　Ⅲ．①股票—证券投资—思维方法
Ⅳ．①F830．91

中国版本图书馆 CIP 数据核字（2009）第 221501 号
地震版　XM5373/F（4275）
The Art of Contrary Thinking
Humphrey B. Neill

著作权合同登记：图字：01-2009-2860

逆向思考的艺术
——与众不同的投资获利之道
［美］汉弗莱·B·尼尔　著　丁圣元　译
责任编辑：李　玲
责任校对：庞娅萍

出版发行：地 震 出 版 社
北京民族学院南路 9 号　　邮编：100081
发行部：68423031　68467993　　传真：88421706
门市部：68467991　　传真：68467991
总编室：68462709　68423029　　传真：68455221
证券图书事业部：68426052　68470332
http：//www. dzpress. com. cn
E-mail：zqbj68426052@163. com
经销：全国各地新华书店
印刷：河北盛世彩捷印刷有限公司

版（印）次：2010 年 2 月第一版　2022 年11月第11次印刷
开本：787×1092　1/16
字数：213 千字
印张：14
书号：ISBN 978-7-5028-3655-9-01
定价：50.00 元

不识庐山真面目，只缘身在此山中

——《逆向思考的艺术》修订再版前言

投资者从市场获利的唯一根据是，正确认识事实，及时采取相应的行动。

大多数人之所以赔钱，是因为我们都有一种与生俱来的习性，眼睛长在我头上、手长在我身上，于是我们习惯于以自我为中心看待世界、从自我需求出发采取行动。说白了，大多数人面对世界的时候，自觉不自觉地总是“我看、我想、我要”。这是一种从内而外的方法论。由内而外的方法论立足于个人偏好和个人基础，的确讨个人喜欢，做起来不假思索也很方便。但是不可否认，这与外部真实世界其实有不小的距离，恰恰是正确认识事实的最大障碍。（这点想法是从胡关金先生的演讲中得到启发的，顺此致谢！）

个人从个人的喜好出发，做自己想当然的事，然而所有个人的偏好汇集在一起，就具备了一定的统计规律性。换句话说，一方面市场是由每一个个人组成的，各行其是；另一方面，即使所有人都出自个人偏好，也并不妨碍所有人的汇集成为具有客观规律的外在事实。市场参与者各行其是，但汇集起来的市场却具备了统计规律性。所有的人各忙各的、有买有卖，总体平均的结果成就了行情走势。

在非洲大草原上，为了适应雨季、旱季的交替，羚羊必须往来迁徙。迁徙中的羚羊容易遭到狮子的攻击。每逢这种时候，羚羊为了迷惑狮子保护自己，便挤成一团，落在团团之外的羚羊便成为狮子的口粮。

投资者个人就像这群羚羊，市场走势是投资者行为统计出来的结果，就像羚羊团团中心的移动。投资者要适应市场取得盈利，就像羚羊始终要在团团中心一样。我们看到羚羊的个体都有机会出现在团团中心，关键问题在于它不能始终保持在团团中心。固定地观察某一只羚羊，只见它一会儿挤在边上，一会儿挤到中心，偶尔也会被挤出去，但是这并不妨碍整体羚羊群组成完美的团团。

从道理上来说，观察羚羊团团的动向、随时跟随团团，要比跟随任何一只个体的动向要容易得多，因此维持在团团中心也比较容易。遗憾的是，事实却相反。几乎所有投资者都有盈利的时候，但始终保持总体盈利却可望不可及。

为什么大多数投资者是亏损的呢？

问题的实质是投资者的行为必须具备一致性，即前后一致地保持在团团中心。成和败的根本区分就在于到底采取由内而外还是由外而内的方法论。只有放下自我，从团团本身出发来看待团团、跟随团团，维持在团团中心才是比较容易的事情。古人说，“不识庐山真面目，只缘身在此山中”。大多数投资者实质上都是从自我出发的，在自我中忙碌着，就是不能超然地看看自己、看看由自己和类似于自己的其他人共同组成的市场，结果不知不觉陷身于市场，只当市场舞台上的演员，从不到台下欣赏一下舞台上的演出，不幸沦为总体统计现象中一个可怜的样本。

大部分人都免不了从“我”出发，“我看、我想、我要”，流行的思考既然为大多数人所接受，正足以说明流行的思考符合以“我”为中心的常规立场。问题是，成和败的标准来自外部，投资获利完全来自外部——市场所赐。要从外部获得回报，唯一道路是符合外部标准、满足外部需要、适应外部变化。逆向思考反“流行的思考”而行之，追求与之相异的看法，正是力求站到“我”之外，力求发现客观事实。

逆向思考的艺术

顺理成章，投资者为了得到利润，首先必须放下“我”，从“我”上脱身，转换一个全新的外部视野，看外部所看、想外部所想、要外部所要，全身心感受外部、跟从外部、顺应外部，最终才能获得来自外部的回报。要得到，先要没有得到。老子说，“将欲取之必先与之”，是不是同样的道理呢？

2008年前后股票市场和期货市场都有一番大折腾，大上涨，继而大下跌，再而大上涨，用活生生的事实实行了强有力的“投资者教育”。直线式、单向式的思考方法再也不能适应现实的需要。于是读者开始注意到我在2000年翻译的《逆向思考的艺术》，许多朋友来函索要。原书早已绝版，不多的存书也一扫而光，抱歉让大部分朋友失望了。为此，2009年初，我联系境外版权持有人顺利地得到许可，然后对照原文认真推敲修订，当年10月前后大体上完成修订。

《逆向思考的艺术》不是投资技巧，而是思考方法，哲学意味浓厚。十年前我入世尚浅，自不能充分领会这样的题目。这十年，国内环境日新月异，对个人是不小的挑战，在这样的环境下，想偷懒都不可能，这次修订便包含了这十年的积累。当然，现在我依然有很多困惑，修订出版本书与其说是为读者提供答案，不如说与诸君分享激发思考的机会。

2009年最后一天，有幸访问厦门南普陀寺，看到寺院后一堵巨石上大书“无我”二字。佛家“无我”乃无上智慧，为的是让人脱离尘世的苦恼。令人深思的是，即使要在尘世取得成就，“无我”也属于明智而实用的方法论，和老子等传统的中国哲学思想实有异曲同工之妙。就以“无我”二字总结本文。

丁圣元

2010-1-3

精神的力量

——证券市场中的逆向思考（代序）

北京洲通投资技术研究所所长　黄永山

1995年我在阅读丁圣元先生翻译的约翰·墨菲《期货市场技术分析》一书时，第一次接触到汉弗莱·B·尼尔的逆向思考理论。书中短短几百字，勾画了运用于证券期货市场的相反意见理论，简洁而深刻，可惜墨菲着重于技术分析，对此着墨不多。

1997年在我短暂逗留于美国期间，无意中在一家大学图书馆书架上发现了尼尔这本出版于1967年的薄薄小册子。时光的侵蚀已使书页泛黄，但稍翻几页，立即被其中透射的思想魅力所打动。我如获至宝立即复印，带回国内细细品读。

汉弗莱·B·尼尔是现代逆向思考理论的创始人，他的《逆向思考的艺术》是该理论开山之作。在这部经典著作中，尼尔通过对群众心理、舆论宣传及人类行为的剖析，提出了相反意见的行为准则。他指出当公众意见趋向一致之时，往往也是其错误形成之际，从盛行的想法与意见出发，“对新闻、评论以及困扰着我们的无数预言从相反的角度进行观察与深思”，领先于大众感悟到趋势的变化，择机采取相反的行动。

尼尔从广泛的领域阐述其逆向思考理论，并着重于对金融市场的思考。那么他给我们证券投资者带来什么呢？在尼尔的著作中，我们看不到任何数据与图表，页页是对人的精彩描述。逆向思考的理论基点是对公众心理行为及人性的研究。证券市场充斥着无数技术分析和基本分析的理论说教。它们要么进行复杂的图形与数据分析，要么进行想当然的逻辑推演，但是都忽略了市场的第一要素——人的行为。不仅群体的情绪支配着市场的波动，个体的心理也决定着所有买卖行为，除非将人的心灵作为一个组成部分包括进来，否则任何市场的研究都难以成功。随着所谓新经济时代的到来，通信网络技术的发展使人类生活不仅愈加依赖于外部，人性也被漫无边际的信息垃圾淹没，也许这是人类社会真正的悲哀。机器在进步，精神却在退化。人们仿佛回到猿人世界，终日弯腰弓背成为电脑的奴隶，只有少数孤独者凭借精神的力量，顽强地保持着个性。市场在波动，时代在变化，千古难变的是人性。跨越时间的长河，尼尔的这种人性化研究愈显珍贵。

逆向思考需要一种无畏的批判精神，它捕捉一切事物的顶点作为自己的起点。一种概念的流行，一种时尚的极致，一种交易体系的风靡，这一切恰恰是逆向思考的出航点。理论的权威化、流行化等于自招天敌，任何权威的预言由于流行而往往难以应验。因为大众接受了他的预测，调整了相应的行为，反而导致预言的落空。不管理论是否对错，它总会受到特定环境下公众心理与行为的反射，逆向思考的价值空间正在于此。

尼尔切入了市场最薄弱的环节。一种市场理论和方法可以自圆其说，但要变为实际的利润，还有漫长的道路要走。股评家可以见风使舵，张口就来；投资家却必须克服决策过程中的种种心理压力与干扰，投资的关键在于把一种判断转化为行动的意志控制能力。因而，赚钱的智慧与其说是一种技巧，不如说是一种精神特性。现代信息技术的发展强化了人与人之间的信息沟通作用，高度发达的传媒更加易于传导社会情绪，削弱公众理性，更何况其中充斥无数别有用心的控制、引诱、欺诈、虚假与黑幕。拥有正确理念比拥有内幕消息更重要。正如尼尔所指出的，绝大多数人的观点来自于小道消息、道听途说、报纸广告、股评家的吹嘘及庄家内幕动向。一些所谓“概念”、“题材”通过现代传媒轰炸，“借助武断的结论加上一遍又一遍的灌输，既不要解释，也不要证据，功夫到了，众人也就信了。”一条条貌似内幕的消息，往往迷惑了人们的头脑，使他们既不能正面市场的起落，又丧失了对内心欲望的风险控制。当一种社会心态走向极致时，信息的传导是完全不对称的，一再重复的渲染，排斥了冷静与完整的信息，不愿意盲从者唯一的出路就是寻求逆向思考的精神力量。

在这里，尼尔给我们的不仅是一种思维方式的启迪，还有一种生活方式的选择——是终日奔命于市场的波动，还是在一种信念下超然地生活。信息是重要的，但只有触动我们心灵深处理念的琴弦，引起心灵的震颤，才会激发我们的投资冲动。市场波动也是无可回避的，大多数时候，我们静静地顺应趋势，仅仅在市场趋势转折的关头，奋然出击。

逆向思考者是孤独的，但成功从来偏爱特立独行者。

我们看到，历史上无数的事例都成为逆向思考成功的佐证。1998 年，当亚洲金融危机崩溃的幻觉缠绕在所有人的心头时，港府凭借挽救金融秩序的最后信念勇敢出击，作为市场唯一的买家，抵住全社会绝望的疯狂抛售而成功大逆转，留给世人无穷的震憾。面对当前的网络热潮，我们又该如何应对呢？

丁圣元先生是我国著名的证券市场研究者、译作者。早在 1994 年他分别翻译出版了《期货市场技术分析》《日本蜡烛图技术》两部证券名著，启蒙了相当一批证券期货投资者。出于共同的喜好，北京洲通投资技术研究所有幸邀请到丁先生将此书译成中文，起初作为内部研究资料保留下来。经历我国证券市场的风风雨雨，每每重温尼尔的这部短著，总有切中时弊的无数感叹，于是我们决定将此书交与出版社出版，希望奉献社会一部译作精品。

2000 年 7 月 30 日

目 录

前　言

“当所有人想法都一样时，可能每个人都错了。”

根据汉弗莱·B·尼尔的思想，上面引用的这段话揭示了一项重要因由，正是这项因素潜在地驱动着经济繁荣和萧条的更替，困扰着我们的文明。“密西西比地产泡沫”，令人难以置信的“荷兰郁金香球茎狂潮”，1929年纽约股市崩盘，都是灾难性的历史教训，这些灾难的发生无不经由从众心理的作用而扩大、加速。

也有正好相反的例子。在紧随第二次世界大战之后的几年中，曾经到处流行经济即将进入衰退的预言，然而，实际情况恰恰相反，真正到来的，是商业繁荣，而不是衰退。

不论何人，只要熟知逆向思考的方法——尼尔相反意见理论的应用方法，对上述事件发生的原委就不会感到困惑了。这一理论最初发端于一人的独立工作，他努力探求揭开经济趋势之谜的途径，如今，不论在应用范围上，还是从其重要性上来看，该理论都已经取得了长足进步。《相反意见理论通讯》的订户已经领略到如何将该理论应用于商业趋势以外的领域。

在《逆向思考的艺术》一书中，您将发现如下问题的答案，那些忙于生意的人士和有影响力的人士越来越多地提出这个问题：相反意见理论——什么意思？对我有什么用处？

逆向思考的艺术

逆向思考方法可以简单地表述如下：不落他人的窠臼，相信自己的想法。一言以敝之，思考问题时要做一个特立独行的人。

思想雷同化是人类的自然习性。因此，必须防范浅露直白的陷阱，以深刻透彻为目标，经过一番实践磨练后，才能养成良好的思考习惯。

一目了然的思考方式——或者说人云亦云式的思考方式——通常导致错误的判断或似是而非的结论。

让我告诉您一个易记的警句来归纳以上想法：

当所有人想法都一样时，可能每个人都错了。

为了激起您对这本小册子的兴趣——其主题就是逆向思考的方法，请允许我再给您提供第二个观点：如果您希望摆脱行而后思的试错思维方式，那就反过来，思而后行吧。

您将在本书第一编（标题为“逆向思考是值得的”）看到关于相反意见理论的连贯研究。在第二编，您会看到一系列简短的随笔，都是关于逆向思考方法的各种概念。

作者有意按照上述方式来表达本书的主旨，希望条理井然，既能帮助您轻松学习有关内容，达成上述心愿，也能使您的阅读多少有趣一点。但愿我能达到目的。

本作者长期研究群众运动和大众心理学，多年经验让我坚信不移，如果您训练自己的头脑，使之习惯于选择同大众相反的思路，那么您的想法将更经常是正确的，而不是错误的。换句话说，在绝大多数问题上，我们可以很有把握地说，“众人通常是错误的”——至少在判断事件发生的时机方面是这样的。

请不要误解“众人是错误的”这句话。我的意思并不是说人们在日常生活中的想法是错误的。我指的是：当一大拨人屈从于同一种观念时，往往因为他们为情绪所左右而离题万里。如果人们停下来先把事情想清楚，他们的决定往往是明智的。仅当具有广泛情绪感染力的特定情境发生时，您才会发现“众人错了。”我相信，您已经看出了其中的重要分别。在一种情况下，人们是作为“一个群体”行事的，而在另一种情况下，人们是作为个人行事的。

历史书上记载了无数起狂热事件，充分说明了群体行为的特殊性质。后文中将谈到其中一些例子。

您将发现，本书的绝大部分引证和讨论都和经济问题或金融问题有关。不过，我要提醒读者，逆向思考艺术几乎可以应用于任何方面。可以将它应用于哲学讨论中，也常常可以将它应用到政治上。在政治这方面，那些竞选公职的人士显然不遗余力地追逐大众的选票。巧于利用大众心理学的竞选人总是施展浑身解数，努力煽动大众情绪和欲望。

归根结底，我们的结论是，“众人”用他们的心情来思考（也就是说他们受情绪支配），而个人则用他的大脑来思考。这不是针对具体哪个人而言的，可以说，一旦融入某个群体后，我们之中每一个都可能失去平衡，变成了群体的一分子，而不再是原来独立的个人了。我们经常听到这样的说法，某某“昏了头”，或是“头不连在段子上”，大体就是这类情形。

作者相信，现今经济学和政治学研究之重大缺憾，就在于它们未能考虑人类的本性。当我们力图描画未来图景时，到底人们是如何想的、如何做的，这些方面简直太经常被我们忽视了。人类行为，完全可以匹敌历史统计数据，如果不说更重要的话。换句话说，当我们考虑经济趋势和社会政治趋势时，我认为人类的特性和统计数据应当给予同等的重视。

逆向思考的艺术

在过去30多年里，我们几乎经历了一场彻底的社会革命①。现在人们的想法和以前大不相同，比如说和1929年以前，也就是在大萧条（Great Depression）和罗斯福新政（New Deal）之前。稍稍思索一下，千百万年轻人的判断力和世界观都是在新政之后的岁月里形成的——也就是在这场社会变革之后——您立刻就会明白，同过去相比，今天我们不得不换一种多么不同的眼光来看问题。

虽然作者乐于阅读和研究历史，但是当我们阅读历史的时候，却不得不使自己的思路适应现代的解读。您知道，人们常说“历史重演”。这句话很精辟，不过您会发现，尽管历史的确经常重演，但是从来不会严格按照过去的方式和风格重复。

通过研究历史上的狂热事件和各种剧情，我们能够获得大量的关于大众心理学的知识，不过在每个具体事例上，注意分析推动当时大众狂热的具体刺激因素，或者在各个历史时期征服大众的特定思潮是很重要的。

举例来说，我们当然不会预计佛罗里达州再度发生和20年代中期的地产狂潮特点一模一样的地产狂潮。

下面是更近一些的事例，前总统哈里·S·杜鲁门（Harry S. Truman）在1948年秋季成功地导演了一出竞选秀。在当时特定的历史条件下，他的战术和战略完全符合大众心理学原则，取得了成功，但是同样的策略如果下一次还按照同样方式来实施，则可能收不到原有功效。果然，1952年当杜鲁门先生再度出山为民主党候选人助选的时候，故伎重演，这回却没有成功。很多观察家觉得，如果杜鲁门先生在照搬1948年旧策略的时候偷点懒，斯蒂文森（Stevenson）先生在1952年成功的机会或许更多一些。我简单交代这段往事，想用这个例子来说明，此一时成功地吸引众人的因素，彼一时竟带来了全然不同的结果。

作为这篇引言的结束语，请允许我重复一下：

所谓逆向思考的艺术，一方面是要训练您的头脑习惯于深思熟虑，选择

① 参见加雷特·加勒特（Garet Garrett）的《大众的浓汤》（The People's Pottage），以及其他自由主义者的著作，卡克斯顿出版公司。

同大众相反的意见；另一方面，您还需要根据当前事件的具体情况，以及人类行为模式的当前具体表现来推敲自己的结论。

也许在某些读者眼中，相反意见理论，或曰逆向思考的艺术，是一种玩世不恭的论调。我根本不这么看。我认为它只是一件训练思维方式的工具，它要求我们养成对所有的问题同时看正反两方面的良好习惯，要求我们经过自己对正反两方面的思考后得出结论——辩证思维更可能得到正确的印象，而正确印象才能把我们引向正确的结论。

最后，这里要强调如何对待宣传。今天，我们在精神上已经被淹没在各种形式的宣传之中。舆论机器每天倾倒出千千万万的话语。显而易见，宣传的目的就是要影响人们的头脑。因此，在公众事务和经济问题上，同时看到事物的两个方面是很有必要的，这样才能避免陷入鼓动家们精心布置的陷阱。

汉弗莱·B·尼尔

于佛蒙特州撒克斯顿河

写在前面的话

这里先简要地介绍一下相反意见理论，逆向思考方法就是从这个理论发展而来的。

为了便于您快速浏览，在进入正题以前熟悉与逆向思考方法有关的话题，我们这里特地给出一个概要。这里用尽可能少的词句来回答下面这个问题："什么是相反意见理论？"

1．基本上说，它是一种深入思考的方法，应用范围广泛，包括政治、经济和社会等各方面。实行逆向思考的方法，目的就是要挑战在当前流行的政治、社会、经济潮流中人们普遍接受的观念。总之，目的就是和大众观念竞争，因为我们发现，流行的观念往往最终证明是误导的（这就是宣传的效果），或者更直接地说，是错误的，这样的情况实在屡见不鲜。

(1) 逆向思考的经验告诉我们，下面这些上口易记的话的确有它的道理：

• 当每个人想法都一样时，"每个人"都可能是错的。

• 当写文章的人写得千篇一律时，读文章的人脑子里想的也容易大同小异。

• 太多预言相同，反而把预言搞砸了。

• 或者还有另一个说法，同一种预言层层加码，最终反而把预言坠跨了（原来，太多的人预料同样的事，必定导致太多的预防措施，结果抵销了、或绕开了当初的"预言"）。

(2) 留神：相反意见理论只是一种思维方法，我们不应把它看得过重。比较而言，它更主要的是对普遍预期的一种矫正方法，而不是一种预测系统。简而言之，它是一件思考工具，而不是一个水晶球。它迫使我们透彻地考虑特定问题。正如人们所说：如果您不把事情想透，事情就透过您的思想。

2. 人类的本性决定了相反意见理论是成立的，这些本性包括以下诸方面：

习惯	情绪	急躁
惯例	贪婪	刚愎自用
模仿	一厢情愿	如意算盘
相互感染	轻信	冲动
恐惧	过敏	造作

3. 该理论建立在社会学和心理学“法则”之上，在这些法则之间存在着下列逻辑关联：

(1) 一伙“众人”往往受制于人类本性，但是当人们单独行事时抑制了此类本性。

(2) 人是合群的，人们具有本能地追随“大溜”的冲动。

(3) 人们接受少数成员的感染，仿效少数成员的行止（即盲从领头者），容易受到各种暗示、命令、习俗、煽情鼓动的影响。

(4) 一伙“众人”从不用理智思考，听任情绪的摆布；想当然地接受各种“据说的”或者“断定的”说法。

逆向思考的艺术

现在，我们也要对逆向思考方法的一些用途和一些实例作一份同样简短的综述。

1．我们先从某种社会—政治思潮开始，因为这类问题更具有一般性，比其他一些方面，比如股票市场大恐慌更常见。

(1) 我想您一定赞同这样的看法：社会主义是共产主义的前奏。

(2) 然而，数不清的人（这是一伙庞大的“众人”）明明带有社会主义的倾向，却相信自己是反对共产主义的。他们是自己哄骗自己。从来没有过比这更大规模的（或者说更危险的）自欺欺人的现象。

以上实例显示了逆向思考方法是如何解决问题的。在所有涉及大众心态的公众问题上，逆向思考者都力图透过表面的大众意见看清其中的实质（在上例中，众人没有弄清楚，两种主义其实是亲密无间的）。

2．今天，各种宣传铺天盖地，我们不妨探索一下宣传问题上的逆向思考方法。

我们必须不遗余力地穷究讲话、声明、文章背后的真正动机，而不是讲话、声明、文章本身的字句。应当问一问为什么如此这般的消息会流传？——而不是简单地问一问这个消息是什么。坦白地说，在分析宣传攻势的时候，逆向思考者的确需要几分讽刺精神，并且只要那些“舆论制造者”不放弃舆论导向和操控大众意见的企图，唯一的自我保护措施就是“在相信任何事之前首先怀疑一切”——从字里行间推敲其中真正含义。

3．每每在人们最不留神的时候，社会狂潮和一波波的大众激情——以及众人的信念便已经横扫了整个国度。而且这样的风潮往往来得快，去得也快。

逆向思考的艺术

历史书上写满了这样的故事，郁金香球茎狂潮，南海股票泡沫，佛罗里达州地产暴涨。

如果还要说得更具体些，那么不妨看看下面这些例子。在这些例子中，要是持有相反的意见，那就对了：

• 1929 年，流行的看法是，我们已经到达了一个崭新的时代，我们已经登上了一片通向无尽繁荣的新平台……

• 20 世纪 30 年代，我们的经济已经走向了成熟……

• 20 世纪 20 年代，收音机将会一劳永逸地把唱片机和唱片赶出市面……当前的说法是，电视将令电影绝迹。（在本例中，相反的观点是，人类是合群的——人们乐于走出家门同其他人挤在一起。大众娱乐业和人类的历史一样古老，如果我们认为人类的本性并未改变，那么上述结论算得上稳妥的相反意见。离群索居自得其乐，永远不能让众人心满意足。从长远的眼光来看，电视将扩大受众的数量，带来更多的娱乐需求。）……也许，我们还可以再添一个例子——1945 年，当时流行的预测是，战后经济衰退将接踵而来，将造成 800 万人失业。结果相反。

继续探索这个课题，在学习掌握逆向思考方法的过程中，您将体会到，这是一段充满趣味的经历。本书接下来的内容为您留出了广阔的空间，您大可以在本书作者的基础上添加自己的独立思考。

第一编

逆向思考是值得的

逆向思考是值得的

“照别人依样画葫芦，一般来说都是愚蠢的，因为几乎可以肯定，一定已经有太多的人正在依样画葫芦。”

——威廉姆·斯坦利·吉文斯（William Stanley Jevons，1835 ～ 1882）

自从《生活》（Life）杂志[①]介绍“相反意见理论”后，越来越多地激起了人们对该理论的严肃的关注。人们抱有相当浓厚的好奇心，希望了解如何应用逆向思考方法来评估经济、社会和政治趋向，以及该理论在上述方面的适用性如何等。

有鉴于此，本部分的目的在于以下两方面：

1. 我们要回答人们反复提问的、带有相当普遍性的问题：到底什么是“相反意见理论”？

2. 试图解释逆向思考方法的有效性，并证明“采取相反的立场是值得的”。

如果作者在行文时直接采用“我”这个代名词来指代自己的话，请您务必谅解，因为下文绝大部分内容属于个人体验。

相反意见理论不是您可以从书上或历史故事里读到的东西。关于这一主题尚无任何文献。据我所知，没有什么文字直接谈到相反意见的应用，除了在一本关于股市交易方法[②]的书中有一章和“相反的市场观点”有关以外。在

① 《生活》杂志 1949 年 3 月 21 日，评论本书作者“系统地说明了相反意见理论。”随后还引用了 1947 年的相反意见。参见“市场的奇怪状态”，作者威廉姆·米勒。

② 《股票市场获利新法》，作者加菲尔德·A·德鲁（波士顿：梅特卡夫出版社，1951，及后续版本）。该书是对技术分析方法的精彩解说。

这本书里，作者厚道地提到我的著述，以之作为在他的书中包括这方面讨论的原由。

因此，本文将要介绍分析经济趋势的一门“逆向的”方法。在我过去的报纸专栏中（“深思者”专栏），以及在我们当前出版的《尼尔氏相反意见通信》中，我已经就相反意见理论写下了千千万万的文字。这里我把自己的思想和文字集成一册。

写完了上述开场白，就让我们进入正题吧。

I

歌德，伟大的诗人哲学家，曾经写道：“我越来越多地体会到少数派一边是可取的，因为这一边总是更明智些。”

坦白地说，驱使我走上探索之路并最终导致相反意见理论的第一个起因乃是所有人在追求“战胜股票市场”的过程中都会遭遇的失望和幻灭。

我与华尔街打交道的历史可以追溯到多灾多难的 20 世纪 20 年代。我很早就听说市面上流行着 101 种用来预测股票价格波动的技术系统。很快也看出如下事实，实际操作中的亏损并不是技术系统造成的，而是交易者或投资者本人出了问题。

以解读图表为例，当事人几乎可以采取自己愿意的任何方法来解读图表。他能把图表“形态”解释为他一厢情愿的任何可能的结果。这就是说，如果某人内心是看多的，那么他在解读图表的时候往往也是乐观的；如果他是倾向于看空的，图表也将俯就他的意思，“说”市场将下跌。当市场处在单边趋势状态时（不论上升还是下降），图表本身已经足够明确地揭示了当前趋势。但是当市场陷入僵局，每个人都对未来价格走向感到困惑的时候，图表通常也是“沉默”的。

我回想起过去在很多场合下，当学习市场技术分析的人讨论未来可能形成的价格趋势时，几乎没有例外地，每个人都会根据自己的成见来解读市场的“技术行为”。换句话说，阻碍投机交易成功的拦路虎——刚愎自用——才是真正拍板的人。

我对倡导市场技术分析方法的人士并无任何不敬，但是我十分怀疑所谓的“技术方法”就能帮助人们完全克服他们天生的习性，如一厢情愿、贪婪、刚愎自大，以及其他类似的人性缺陷，正是这些缺陷使得成功的投机交易成为一门最难以掌握的技艺。（也许我该插一句，这里所说的“技术方法”指的是根据成交量和价格以及其他资料所代表的市场行为进行的趋势预测。

就这样，我很快就明白了（但来得并不容易），不仅他人对市场的看法常常是错误的，而且我自己的判断经常也是没有“钱”途的。

由此我转而研究大众心理学，希望从中找到“为什么大众如此经常犯错误”的谜底（这也是为什么我会如此经常地犯错的原因）。我一头扎进了关于投机狂潮的旧书堆里；凡是能弄到手的与群体行为有关的资料都不放过。

此外，我的工作为我提供了就“金融领域的人类本性”的课题写作的机会，当然其中绝大部分内容都是知识性的。如果您打算学习任何一门学科，那么最好不过的办法就是一边学习它，一边写作这方面的文字。大约有两、三年光景，我编写了一本小小的企业内部月刊，刊名为《如果、由于及何时》①，其中包含一些短文，议论金融市场上出现的种种人性弱点。“市场哲学家”和“市场挖苦家”是这本小杂志讨论市场和经济事务时的两位虚拟的对话人。我的代言人是市场挖苦家，他曾写道，30 年代后期事事不如意，也许能逗您一笑：

十种在华尔街赔钱的办法

作者　市场挖苦家

经过长时间的艰苦探索和深入思考，我终于为股票交易商编写了一本行之可靠的指南。我不打算解释或澄清这此概念，因为我明白我的读者们无疑会照办如仪，不会考虑任何与之相左的建议。

1. 对经纪行交易大厅里的流言蜚语深信不疑。

---

① 这份杂志引出了我在 1931 年撰写的《如何阅读股票报价纸带与市场策略》（最近由弗雷泽出版公司重印），其中对人类行为的讨论和对市场行为的讨论份量相当。

2. 相信自己听到的一切，特别是内幕消息。
3. 如果不知道，那就猜吧。
4. 随大溜。
5. 没有耐心。
6. 贪婪地等待最顶部那 1/8 美元[②]的价格。
7. 以微小的保证金比例交易。
8. 固执己见，不管是对还是错。
9. 永远不离场静观。
10. 拿回小额利润，忍受大额亏损。

作为预防鲁莽轻率的交易或投资习惯的措施，这里温习一下罗素·塞奇（Russell Sage）的忠告：当人们向他请教他的发财经时，他回答道，“我的秘诀是，一月份就买好草帽。”

随着我对投机活动中人性的一面越来越有兴趣，还发现，对群体行为的研究不仅有助于理解股票价格波动，而且在其他更广泛的意义上，特别有助于解释经济力量的作用。我不想老是用个人的回忆惹您厌烦，请允许我总结一下自己的经验。

首先，如前面所说，我了解到，个人意见（包括我自己的以及其他人的）并无太大价值——因为它们经常是错误的。

其次，人类的本性（恐惧、一厢情愿、贪婪、刚愎自用、如意算盘）如此顽固地埋藏在人们心中，迫使他们远离客观的立场。我相信，对经济趋势的客观分析是绝对必要的，因为主观导致武断的结论。

第三，如果某人顽固地依赖自己的观点，就可能“一条道走到黑”，不论正确还是错误。也许，没有哪一种天性比捍卫自己的观点以及拒不承认自

② 美国股市传统报价方式以 1/8 美元为最小报价单位——译者。

己判断错误来得更顽固了。

既然已经了解到上述基本的人性方程式，下一个问题就是为其寻找解答。

在我研究和写作之初，便已经发现了那句古老的真理，正如前面所说，“众人，通常是错误的。”历史上这样的例子一再重复，我们很快就要谈到其中一小部分。

因此，经过了一个自然演进的过程之后，我终于发现了一种自认为有用的解决方案。

如果从众的个人意见是不可靠的，那么为什么不采取与群体意见相反的立 场——也就是说，站到经常犯错误的普遍看法的反面呢？

就这样，相反意见理论成了我特别喜爱的主题，从此以后，我在它上面倾注了无数的心血，写出了不计其数的文字！这就是我之所以斗胆拿出这本《逆向思考的艺术》的理由。

请允许我强调，“相反意见”对于分析经济和政治趋势具有极大价值，而不仅仅局限于捕捉股票市场偶尔的一次摆动。市场趋势是我们的经济以及世界经济发生基本转变的征兆。当然，从这种意义上说，它们也是重要的；不过，就股票价格日常小规模涨跌而言，价值不大，并且一般是不可预测的。

II

无可否认，在评估相反意见时有可能出错。无疑，您会经常如此。事实上，从我自己的情况来看，大约花费了数年之后，才能足够准确地估量“大众意见”，从而对与其相反的结论感觉有相当的把握。需要假以时日，才能养成逆向思考的习惯。

更进一步地，即使以相反意见作为我们的指引，我们还是不得不与个人成见作斗争。举例来说，如果您已经对某时期的经济形势产生了强烈的个人感受，那么要抑制自己的感觉、冷静评估大众意见常常是困难的。因此，偶尔可能因为您已经预先形成了自己的观点，会误判大众意见。您可能轻率地得出结论，把大众意见理解成自己心里情愿的，于是不经意之间，您已经成了“大众”的一员，想法实际上同大众一样。

然而，一旦养成“逆向思考”的习惯后，您将越来越不轻易受到旧习性的摆布。最终，您也许会变得完全客观，成为那些人性缺陷的主人。当这一天到来时，您将会惊奇地发现，多么经常地，当（也正因为）其他人错误时，您是正确的！努力训练自己独立思考——多疑，不是吗？但是，从长期看，多疑是值得的。

这20年来，我曾尽力探寻抑制人类天性的思考方法——这些天性是思路清晰的绊脚石，以上途径是我发现的唯一方法。您不可能既采取与一般观点（必须承认，一般观点看起来更符合逻辑）“相反”的立场，与此同时，又听从那些“一厢情愿”、“刚愎自用”的误导性的声音！

现在您也许会问，“怎样着手探寻大众意见呢？”

这里要交待清楚，您首先不得不仔细考察大量的新闻和评论。当然，广播、报纸和杂志现在每天都倾倒出如此庞杂的经济新闻和宣传，我们不难从中相当准确地看出人们可能正在想什么的一幅横截面图，得出人们的主流意见可能是什么的结论。另外——这一点也很重要——还了解到某些集团企图让我们接收和相信什么。

国会 1946 年通过法案成立了 CEA——总统经济顾问委员会（Council of Economic Advisers）。从那时起，媒体倾泻出比以前多得多的经济新闻和评论，以及意见。因为CEA的观点是官方的，它们对大众意见产生了巨大的影响力①。

官方“经济信息发布”对于分析和评估 CEA 对公众的影响特别重要。顺便说一下，当我们提及“公众”时，其中也包括商界人士。请不要将所谓“公众”简单地理解为大街上四处游荡的闲人。公众指每一个人，包括您和我。商界人士——或者经纪人们——或任何群体——的一致意见在分析“相反意见的对立面”时很有价值，因为他们对一般观点具有影响力。

提到 CEA，令我想起了 1950 年 1 月埃德温·G·诺斯（Edwin G. Nourse）博士的一次发言，他是经济顾问委员会的前任主席。作者对他的评论特别有兴趣，因为如果人们看到自己得意的理论在地位显赫的发言者口中得以验证，总会从中获得极大的成就感的。诺斯博士当时正在向一群商界人士发表他对 1950 年前景的看法，他表示预测者们以“令人讶异的一致程度”持有共同的看法。接下来，他添上了以下词句：“当所有人的预测相互一致的时候，正是我们要当心的时候。”

为了说明这一关于群体意见的观点，让我给您翻出 1946 年 9 月市场崩溃后证券交易委员会的调查结果。证券交易委员会检查了 130 家经纪交易商和 36 家投资顾问公司从 8 月 26 日到 9 月 3 日的一周内发给客户的书面材料。这正是道琼斯工业平均指数直线下跌的前一周。

---

① 在艾森豪威尔（Eisenhower）总统治下，CEA 公开发表的观点或许不如在杜鲁门总统时期频繁，但仍然对人们的看法具有影响力（特别是商业上的看法）。其它各个显要的商业组织也同样有影响，比如 CED（经济发展委员会），NAM（全国制造商协会），ABA（美国银行协会），美国商务部，等等。此外，庞大的劳工联合会也具有强大的影响力，在经济教育和宣传中越来越有势力。

对市场长期前景的一般态度

通信和电报的数目	
无条件看多	260
看多，但对逐日行情不确定的	97
持谨慎态度的	74
明确看空，并且、或者建议至少卖出部分持股的	20
不确定的	38
	489

换言之，在这一重大市场转折点上，在上述各家职业性评论和建议中，仅有 4.1% 看空是正确的，本来看空在当时也许应是一种常规的看法，而不是[①]如此稀罕。

某些群体的意见自然影响到更广泛的或更普遍的大众意见。于是，我们可以从各种出版物、从包含大幅商业新闻的大都市报纸上搜集群体的意见。还有其他许多出版物也为了解大众意见——或可能正在形成的大众意见，提供了间接的线索。

从多样化的大量出版物中，您可以看出关于当前一般商业和经济状况的主流想法——它们常常动态地揭示了未来大众意见可能是什么样的。由于大部分民众倾向于“追随领头者”，广泛阅读当前新闻和商业刊物就能看到大众思想和情绪的轨迹。

另一方面，只要我们广泛地与人交谈，也能得到公众想法倾向于哪一方的线索。您大概已经想到，在第二次世界大战之后的几年里，经常听到人们

① 上述统计数字和评论引自德鲁著作中“相反意见理论”一章，前面曾提到该著作。

一再重弹关于商业前景的老调子：肯定会有一场不景气。然而，每一年，这种前景都得“推迟”到下一年再看。当然，经济萧条迟早有一天会重新出现，问题在于，它很可能不会在人们普遍预期的时候出现。

到 1955 年中的时候，关于“萧条马上要来”的想法竟然来了一个 180 度的大转弯，变成“再也不会出现严重的经济萧条了”。这种“新”经济时代已经到来的观念也应为逆向思考者所怀疑。

也许我们既可以将相反的意见称为先见之明，也可以称为后见之明：关键是大众观念的形成有时或许是滞后的，不一定总是超前的。

Ⅲ

现在让我们来回顾一下发生在近期历史上的几个例子，看看当时的预言和大众意见后来如何被证明是错误的。

第二次世界大战结束前夕，政府方面的经济学家预言将发生严重的战后萧条（程度将达到1921年的情形）。他们预计总失业人数将达到800万。这种想法也占据了公众的头脑。“每个人”都记得（或者读到过）发生在第一次世界大战后（1920～21年间）的经济崩溃。因此，人们草率地得出结论：“这一回也将发生同样的事情。”我们现在知道，后来的结果相当不同。非但没有经济萧条，反而出现了相反的局面。

然而，战后萧条的观点已经成为人们心目中的既定模式。在战后数年中，“萧条”的想法挥之不去，始终盘桓在人们心头。结果，商界深怀恐惧，担心突然暴发萧条，采取了如履薄冰的保守立场，与此同时，大众对各种物品来者不拒、胃口大开，以致于引发了通货膨胀。人们东也花钱，西也花钱，结果，到处都是好生意，的确一片繁荣，而不是人人挂在嘴边的萧条。

1950年，朝鲜战争打翻了所有关于经济衰退的盘算。战争情绪驱使人们抢购一切种类的物品，因为他们担心发生“短缺”。至1951年初，投机活动盛极一时，鲁莽的预言充斥于街谈巷议。在若干大众观点中，“错”得最离谱的，也许是认为通货膨胀将长期维持在较高水平——与此同时，如果我们采取相反的分析，当然会考虑到通货紧缩的因素，结果证明，这种逆向的观点才是正确的。

顺便说说，下面这件事也有教育意义。请注意，当初如果我们采纳相反意见，就能何等精确地认定政府债券价格在1951年2月间的转折点（就在此时，美国财政部与联邦储备委员会达成了著名的“一致意见”）。

当人们处在经济周期的连续演变过程中时，每每忍不住怀疑相反意见理论，“这一回还管用吗？”而这正间接地说明了该理论的特性。回顾历史有助于证明该理论；至于未来，则必须随着形势变迁而不断地逐月推敲我们的分析。

那么，让我们暂且回到第一次世界大战的年代吧。读一读一位著名的金融编辑在回忆录中的有关记述，可能很有教益。他是亚历山大·达纳·诺伊斯（Alexander Dana Noyes），以下是他对 1918 年末战后恐慌的描述：

一想到战后金融和工商业前景，我们所有人都完全被一种不知所措的感觉笼罩。甚至还在战争期间，从金融市场的角度看，到底我们希望重返和平，还是害怕和平来临，就已经是一个难以确定的两难困境了。所有有经验的人士在私下谈话中都表现出最大限度的不安，担心一旦战争结束，则欧洲的战争订单将在一夜之间消失，而我们生产能力强大的工业当时开足马力以满足战时需求，商品价格偏高、劳动力成本居于高位、企业扩展处于高潮、就业人数达到高水平。

后来的实际情况是，最初与人们的担心基本合拍：物价迅速掉头下跌（但是股票市场仅有微弱下调——尼尔注）。在两、三个月内，制造商削减了 40% ~ 50% 的产量；到处是抑郁的议论，商业很快将进入艰难时期，工厂将要解雇工人，与之同时，成千上万在 1917 ~ 1918 年之间入伍参战的劳动力将从欧洲返回，与他们抢饭碗。

但是就在整个社会为注定到来的灾难做思想准备的时候，总体经济格局发生了突如其来的变化，就在我们察觉之前，全国已经一头扎进工业投机的狂欢之中，价格上涨，“劳工短缺”，形成了有史以来最高的工薪水平。

上述格局的到来，标志着一长串事件序列的展开，其中包括未曾料到的转折，未能兑现的预言，以及关于消费者信心的完全相反的预期。这一连串的事件组成了下一个十年的金融和工商业历史[①]。

由此，我们可以看出两个战后时期的相似之处。发生在 35 年前的这场全

① 《市场——一位金融编辑的回忆录》（Boston: Little，Brown & Co.，1938）。推荐金融专业的学生和学习相反意见理论者阅读该书（本书已绝版，但可以在图书馆找到）。

然出乎意料的繁荣和通货膨胀仅仅持续到了1920年5月，但是在其发生期间，已经足以让预言家们大跌眼镜了。随后的1921年，如闪电般突然爆发的经济萧条也令工商界和公众毫无防备，对无数的工商业者来说结果都是灾难性的，不过，这场灾难也为接下来为期7年的大繁荣铺平了道路。

从以上参考资料可以看出，在研判经济趋势的重大变化时，相反意见理论也许可以成为无价的指南针。

Ⅳ

为了突出大众想法与股票市场中长期趋势的对比，我认为值得花一点时间回顾一下过去这场战争期间股票价格的变动——既考虑美国市场，也考虑英国市场。其中有几个十分有趣的例子，表明股票价格竟然在未来动向发展的数月之前，在众人“符合逻辑”地开始担心或形成预期之前，就已经体现出此等动向。

为了考察美、英两国的股价趋势，需要确定研究的起点，我们不妨回到1937年。在1937年初，英国工业股票指数结束了一轮长期爬升行情，这轮行情起始于于1932年国际大萧条时期的市场底部。与此同时，美国股价也已接近其1937年的高点。

可见，两国的股价趋势在上述复苏期间是相似的。

从1937年起，美国和英国的股价都开始下挫。美国的股价暴跌，情形相当严重。在1938年3～4月间，美国市场探明了“底部”，但是英国的指数持续下滑，直至1940年中期。1939年9月1日，希特勒长驱直入，侵占波兰——但是，出乎“每个人”的意料，纽约股票市场在经过短暂的一小时的突击抛售之后，向上暴升，在此后几天中，道琼斯工业平均指数的上涨幅度超过25点。华尔街和大众对此都“吃惊”不小，因为普遍的看法曾经认为股价将首先崩溃，然后才上涨——就像1914年的表现一样（1914年，为了防止出现大恐慌，曾一度关闭市场。数月之后，当市场再度开张时，大规模的战争行情开始了）。

1939年，当真实的战争打响后，英国的股价也开始上涨，但是不如纽约股市那样兴奋。

紧接着上述最初的“战争上涨”行情，随着第一次冷战（虽然人们把1940年冬天的事件叫作“伪战争”，但我们宁愿这样说）在欧洲拉开序幕，两国市场均进入了牛皮盘整状态，人称“高位平台”。也许您还记得，希特勒在冬季按兵不动，直到1940年5月10日，才在全欧发动了他的“闪电战”。在上述等待的数月间，股票市场也无所作为。

那个早晨，我记得特别清楚，收音机里令人惊恐地宣布，纳粹已经入侵荷兰和比利时。当天早晨开往纽约的通勤列车上，大家议论纷纷，话题最终还是围绕到股市行情上。大家一致认为市场将再度上涨——如其在9月份的情况——因为伪战争已经结束，真战争刚刚打响。我还记得，当时因为我谈到相反意见理论，被人大加挖苦——当我与人谈论经济或股票市场时，总要把这个理论带进谈话中。确实，我的旅伴们满脑子都是即将到手的“市场战争利润”，对“持相反立场”的点子不愿意花上一丝一毫的注意力。

市场一如既往，愚弄了每一个人——这一回什么动静也没有。

市场异常平静的表面不是好兆头。如果价格没有如人们所预期的上涨，结果会怎样呢？

我们无需等得太久就可以看到后来的结局了。5月14日，德军入侵法国，与此同时，市场的泄洪大闸打开了，市场不仅没有重新恢复牛市行情，反而直线堕落。就在数日之间，道琼斯工业平均指数跌去了45点。

这是与大众意见相反的结局，具有振聋发聩般的示范效应！

预想的观点被事实所抛弃。号称固若金汤让的法国马其诺防线比想象中用来抵挡德国人的一条草绳强不了多少；当初认为荷兰大坝可以放水淹没任何入侵者的想法被证明毫无用处；法国军队实际上崩溃了。

西方世界如梦初醒，终于认识到，当初每个人对希特勒和纳粹的看法都犯了一个灾难深重的错误。在本例中，关于某一事件的相反意见也具有深远的意义，其意义可以与整场战争相提并论。

1940年6月，一个关键时刻，当时英、美的股价均以急速下跌的方式到达底部，（从事后看）这具有重要的启发意义。

当然，英国已经被卷入战争，我们则没有。当时一切看上去都是前景最暗淡的——实际上，人们对英国几乎绝望了，因为她从那时起不得不独自抗击希特勒——然而，英国的股价却开始慢慢地向上爬升——并且一直持续到1947年1月之前，从未停止过这一顽强推进的过程。

换句话说，面对法国的沦陷、悲惨的敦克尔克（Dunkerque）、英国上空的空战，英国股票市场向惊弓之鸟般的全世界宣布，英格兰绝不会倒下。股票价格与温斯顿·邱吉尔（Winston Churchill）持有共同的伟大信念，希特勒永远不能征服大不列颠。

我认为，以上关于战争历史的记述具有重要的信息价值，所以不惜笔墨地摘要出来。

与此同时，华尔街的情况如何呢？

我们的股市在1940年的崩盘之后复苏过来，但是在1941年再度开始下挫，似乎成为我国参战的预兆。当珍珠港（Pearl Harbor）爆发时，曾有过小规模上涨行情，但市场持续下滑到1942年4月①，无疑您还记得。

后来，当我们的前途看上去最悲观的时候——新加坡被日军侵占，巴丹半岛失守，柯里矶多被弃守——股票市场停止了下跌，似乎在说，“打住，这种绝望的态势已经够了。从此往后，美国将赢得战争。”事实上，在市场长期下跌之后形成的底部几乎正巧与柯里矶多岛沦陷的日子重合。不过，直到此刻为止，我们一直在败退。股票市场的前瞻能力远比我们，众人们，敏锐！

① 本书作者曾给《金融世界》（Financial World）投递了一篇文章——发表于1942年3月25日——题目是“逆向思考者收获的时间就在前头”。这篇文章提出了一些相反的观点，“现在那些有勇气‘横穿’过抑郁的大众、沮丧的华尔街、看空的分析者的人，等到今日的空头者转变成乐观的多头之时，将大有所获，进而享受从乐观转为悲观的乐趣。”

V

我们要短暂地回到3个世纪之前。在1634年，荷兰发生了一场全世界有史以来最出奇的大众狂热事件。如今人们称该事件为“郁金香球茎狂潮”。抢购郁金香球茎的狂潮——尤其是那些稀有的品种——吞噬了整个国家。我们已经不可能想象出这场大疯狂的剧烈程度，但是它的确曾经发生过，其真实性无可置疑[①]。

郁金香球茎的价格达到了荒唐的高度。到1636年为止，投机郁金香球茎的巨大需求，驱使其珍稀品种成为阿姆斯特丹以及其他荷兰城市股票交易所的交易对象。不久，每个人都卷入了郁金香球茎的赌博。该书作者告诉我们，就像其他所有的狂潮一样，“每个人都想象郁金香球茎狂热将会永远持续下去，世界各地的财富都将涌入荷兰，无论开出什么样的价钱他们总会照付如仪。欧洲的财富最终会集中到苏伊德·齐海岸，穷困将从荷兰那受到上苍特别关爱的土地上被驱逐出去。”

球茎经纪人，如同股票经纪人，在“郁金香股票”的涨涨跌跌中上下其手。有一阵子每个人都有收获。该书作者告诉我们，许多人一夜暴发——贵族、公民、农夫、机械师、水手、车夫、女佣，甚至扫烟囱的、捡破烂的都在郁金香行市中赶海弄潮。

随着狂热的扩展，人们不惜采取最可怕的办法来加入这场快速致富的郁金香游戏。人们以荒唐的价格卖出居室、房产，换回现金投入郁金香投机。

就像所有此类大众歇斯底里症一样，这场狂热最终当然也耗尽了自己的燃料，但是它的后果非同一般，无数人一贫如洗。当最后的崩溃到来时，价

①您可以从如下这本精彩的著作中读到全部经过，其文字轻松有趣，书名是《关于异常大众错觉和群体疯狂症的研究报告》（Memoirs of Extraordinary Popular Delusions and the Madness of Crowds），查尔斯·麦凯（Charles D. Mackay）著。1852年初版于伦敦。现已有美国版本，伯纳德·巴鲁克（Bernard M. Baruch）为之作序（重印版，Farrar，Straus & Cudahy，Inc，N.Y.：inquire of Fraser Publishing Co.，Wells，Vt.）巴鲁克先生曾介绍，他认为对于试图理解群体心理学的任何人来说，这本关于大众狂潮的书都属于基本读物。

格下跌的速度远远超过上升的速度。于是，屡见不鲜的一幕出现了，人们转向政府，想为他们的财务危机求得某些救援。残局的一团乱麻最后提交给海牙的省议院，“人们满怀信心地指望这个智慧的群体拿出什么绝招，重新恢复信用系统。”这场狂潮波及的范围如此广泛，所有的商业领域都未能幸免，全国普遍的财务状况都被置于危困之境。尽管这个令人敬畏的机构绞尽脑汁，但是左右为难。他们想不出一了百了的仙方，于是只好“让这场事件自动停下来，”自我修补。该书告诉我们，这个国家的商业蒙受了巨大的冲击，“从此之后过了许多年，才恢复元气。”

在麦凯趣味横生的记述中，您可能感兴趣的其他狂热事件大约要数法国约翰·劳（John Law）的“密西西比圈套”（Mississippi Scheme），以及英国的“南海泡沫”事件（South Sea Bubble）①。诡异的是，这两桩事件几乎同时发生在18世纪之初。这里不打算花篇幅来详细说明这些投机狂潮——其中一个是关于纸币的，一个是关于股票的——不过，其中的伎俩并不比数年前发生于波士顿的骗子庞兹的“从彼特借钱付给保罗”的手法更离奇。或者就事论事地说，它们也不比20世纪20年代佛罗里达的地产热更可笑——当时公众买下了佛罗里达偏远地区淹没在水下的大块土地。

为郁金香球茎神魂颠倒的大众心理，与当今人们对无线电广播中有奖收听节目的歇斯底里症状，并没有根本的差异。

无论您翻阅历史的哪一页，或是研究现实中的日常生活，都能发现每一处细节：当一场狂热（仅仅在“疯狂”的程度上有差别）抓住了“群众”的想象力时，人们便迷失了自我。我们已经从近年发生的数不清的事例中亲眼目睹了这一现象。想必您还记得“汤姆简易高尔夫教程”的事。它们在每个村庄的空场上一夜之间同时冒了出来——但是都仅仅持续了一、两个月，然后就销声匿迹了。那些“来迟一步的人”蒙受了损失，其方式与在华尔街企图高抛低吸炒作股市波动的公众亏损金钱的过程没什么两样。

① 我觉得您应当研究一下约翰·劳的货币圈套，因为“劳氏主义”已经为现代货币学界借用了。

与此有关，我希望引起您对另一本书的特别重视，这也是一本关于群体行为经典著作。该书著于50多年前，作者是一位才华横溢的法国人，名字是古斯塔夫·勒·邦（Gustave Le Bon）。我相信自从该书于1890年在伦敦面世以来，已经差不多重印了20次了。我国也已有售（麦克米伦出版公司），书名是《群体——大众心智的研究》（The Crowd：A Study of the Popular Mind）。

勒·邦非常清晰明白地解释了大众行为的特征——群体是什么、群体对各种影响因素各有什么样的反应。

当然，群体与个体之间存在基本差别：个体可能在推究和分析后才采取行动，而群体则根据感觉和情绪行事。群体追随领头人，或根据其想当然地看作领头者的行为亦步亦趋。

用勒·邦的话来说，群体极易受到“相互感染”的作用。

也就是说，如果一种想法对少数人产生了吸引力，则有可能层层扩散，迅速吸引群体中的许多人，或者说“每个人”。一个群体可能由任何数目的个人组成。有些权威人士认为应当有5个或更多人才能算作一个群体；也有人认为一个群体应包含更大的人数。我们的目的在于试图把相反意见理论应用于引起了公众注意或群体注意的种种事件，至于其中到底牵涉到多少人并无多大差别。当然就某种相反意见的可信度来说，其唤起的公众兴趣越强烈越好。

因为一个群体是不动脑子的，只凭冲动行事，所以公众意见频繁地出错。根据同样的理由，因为一个群体已经迷失在感觉或情绪之中，所以您会发现，一旦某种社会狂热已经形成了势头，则大众将不顾一切地投身进去。在股票市场上，这一点表现得淋漓尽致。如果股价处于低位，且波动较小，则群体——大众将维持在漠不关心的状态中。大众受市场内交易气氛以及价格变化的影响。特别是当价格上升时，对群体尤其有吸引力。因此，在股市早期，操纵市场者往往故意制造股价波动并推高股价，由此令“群体”禁不住诱惑而跟风入市。

勒·邦还告诉我们，群体的主要特征是容易受“暗示”的影响。从另一方面看，暗示就是“相互感染”。勒·邦更进一步地指出，“无论一个群体看上去对某种事物多么漠不关心，通常来看，它总是处在满怀期待的盼望状态中，因此很容易受暗示的摆布。”

从以上论述我们就能看出，比如说，为什么当官方发布某些重要的公告时具有“暗示作用”的强大力量，并很快转化为群体中的相互感染。

我们不妨停下来想一想，平常的闲言碎语如何竟然能够像疾风扫过林梢一样迅速传遍整个小镇的。您一定会惊奇，一则稍稍能够打发日常生活的平淡的闲话居然能传播得这样快！同时，随着人们的传递，原来的故事也越来越离奇。这一点与经济和商业新闻——或者与政治新闻是一致的。

勒·邦进一步告诉我们，群体“以图像的方式思考，一幅图像立即引出一连串的其他图像……”举例来说，两、三年之前，曾谣传咖啡短缺，大批妇女立即光顾商店，开始囤积咖啡。这是关于群体行为学的一个完美的例子。她们就是不肯住手想一想，咖啡贮存时间过长会变质的，或者关于咖啡供应紧张的说法有可能是夸大之词。正如我们先前所指出的那样，群体是不会停下来思索的。正是暗示的力量驱动了她们的行为。

从政治方面来看，如果我们留意到勒·邦关于领头者对群体的影响的论述，会觉得很有趣。看起来，似乎杜鲁门先生在 1948 年的全国巡回竞选活动中一直把《群体》这本书掖在裤兜里，随时从中请益。听听这段，勒·邦是这么说的：

> 群体沉溺于自身夸张的感情中，也只有过激的情绪才能打动他们。如果演说者企图打动一个群体，就必须满口都是强烈的断言、激烈的主张（一无是处的第 80 届议会——在每一处由口哨、欢呼组成的停顿之处重复一遍）。夸大其词、武断结论、一遍遍重复、从不试图通过推理来论证任何事情，对公众集会的发言人来说，这些都是辩论时的看家惯伎。

我想，您越是深入了解群体心理学这门迷人的课题，就越有可能同意，在我们的所谓商业周期中，人的因素是一股强大的推动力。货币因素是强有力的，生产能力提供基本的支撑，不过“人们”打算做什么始终必须受到认真对待。

一位著名经济学家，就职于一家致力于经济研究的显要基金会，曾写信给我，我认为他的来信中的意见具有极高的价值。信的内容如下所示：

长久以来，我一直认为，不存在任何牢靠而有效的途径来预测商业形势的重大转折，或者预测证券价格的大规模或中等规模的转折，但是在所有不完美的研究方法中，您的方法带来了最有希望的前景（他指的是相反意见分析方法）。

换句话说，如果我们还需要在合理的准确程度上来预测经济趋势的话，那么除了统计学的依据之外，看来还需要其他指标。

Ⅵ

如果我们再举一个过去的实例，也许能够把大众心理学的主题展示得更鲜明。

通货膨胀集中反映了大众行为中一切形式的贪婪和恐惧。历史充斥着一桩接一桩的通货膨胀狂热。20 世纪 20 年代，德国和法国的通货膨胀很奇特——中国 40 年代的通货膨胀也不遑多让（我们自己经历的则程度较小，幸亏在这里没有“失控”）。

这里有一例通货膨胀的历史事件，每个人都应当不陌生。肯定您知道 18 世纪发生在法国的不可兑换纸币的故事。请允许我们作一番简要回顾，因为在这次事件中，引发通货膨胀的原因以及官方力图采取的“控制”手法对当前全世界来说都有重大的教育意义。纵观历史，我们一次又一次发现，每当一个国家遭遇财政危机时，通行的解决办法总是，“我们需要的就是更多的货币。”

“1789 年初”，安德鲁·D·怀特（Andrew D. White）在其经典的专题论文[①]中写道，“法国发现自己陷入了深重的财务困境：债务负担沉重，政府赤字庞大。

“如果采取符合政治家头脑的措施、谨慎小心地监控以及明智地管理，肯定能在一段较长的时期后重新恢复信心……但是，这样的措施需要耐心和自我牺牲，并且在人类历史上到此时为止，在政治智慧的产物中，这类做法依然属于凤毛麟角……”

我们似乎容易记住怀特先生的话，因为这些话看来同样适用于 20 世纪中叶。

① 《法国的法令货币通货膨胀》（Fiat Money Inflation in France），可以从经济学教育基金会（Irvinton-on-Hudson，N.Y.）处找到该书的摘要本。全本的重印版本由卡克斯顿印行公司（Caldwell，Idaho）经售。

在法国，艰苦奋斗的办事方式是没有什么吸引力的。怀特告诉我们，大家普遍追求某种通向发达的捷径，“不久，下面这种想法就在全国传开了：法国最需要的就是更多的流通媒介（用今天的话来说，就是需要更多的美元，全世界都一样），于是，随之而来的就是呼吁发行纸币。”

您可能记得，当时伟大的米拉博（Mirabeau）曾经力图借助自己雄辩的力量来阻止马雷特（Marat）的后果不堪设想的计划。后者打算以教会拥有的土地为根据发行纸币。米拉博在国民议会上大声疾呼，反对这个没有硬币支撑的发行 4 亿单位法国纸币的邪恶念头——但是没有任何用处。

当然，发行纸币所带来的刺激作用倒是立竿见影。在一个短暂时期之内，商业活动迅速升温，人们都很开心。法国人为这个了不起的计划而兴高采烈。

然而，拔苗助长的经济绝不会长久。就在短暂的 5 个月之后，货币花光了，政府再度陷入危难。“想必您知道下一场剧情。在冗长的争辩之后，明智的意见被弃如敝履。1770 年 9 月 29 日，国民大会投票表决，以悬殊比例通过发行更多的纸币——这一次把数额提高到上次的两倍，8 亿单位。

错把通货膨胀当成经济繁荣的幻觉横扫了法国。

这场狂欢一开头就再也停不下来了。随着纸币快速的贬值，新的发行一茬接着一茬。

很快，官方不得不制定激烈的法律来挽回紧急局势，土地产业被没收，也力图实行价格限制——即“最高价格法。”

“新的纸币发行加重了灾难”，怀特解释道，“……但是，除了货币刺激之外没有产生任何减缓效果，由此一来，病情反而进一步恶化。”

“最后的崩溃终于到来。经过可怕的动荡阶段，事情终于开始回向正常状态，资本与劳动的回报水平呈现出一定的确定性。直到此时之后，经济繁荣的新时代才真正到来。”

当政府，其中包括我们自己的政府，背负着巨额债务负担时，每个有头脑的公民都有义务时常回顾过去曾经发生的灾难性通货膨胀事件，以及拔苗助长式的经济错觉——这两者总是伴随着群体歇斯底里症而出现[①]。

① 最有助于识别“大众幻觉”的一本书，是《流行的金融错觉》（Popular Financial Delusions），罗伯特·L·斯密特利（Robert L. Smitley）著。我很高兴地告诉您，这本精彩的著作已经由我的同事詹姆士·L·弗雷泽重印（Fraser Publishing Co，. Wells，Vermont.）。斯密特利先生现已退休，在本国经济学文献领域，他具有无可置疑的权威地位。有一段时间（1907～1910），他曾经是纽约股票交易所的会员，他最终发现自己的兴趣在于对金融市场著作的智慧性追求，而不在于在在交易所场内追逐交易订单（虽然他始终是一位老练的投机家和投资家）。他的图书生意成长为世界规模。很多大学和私人图书馆藏有经出版人斯密特利选择的社会—经济学书目。我从斯密特利先生多年来对我在阅读和研究方面的指导和忠告上获益良多，无以回报。因此，我很高兴利用这个机会对他的恩惠表示感激。

Ⅶ

“货币”问题太过复杂了，我们无力在本报告中详加考察。它本身就是一门学问，并且关于它的课题迄今仍然令全世界最伟大的思想者感到困惑。如果我企图就货币经济学展开一场学术讨论，那就太放肆了。

不过，我的确斗胆提请您思考这样的问题，因为货币问题尚不被公众了解，也不为一般的商界人士所了解，一谈到经济趋势，“货币管理”问题总会令大众迷惘。

在人为调控的经济系统中，货币管理是一件微妙而难以把握的工具。如果您下功夫去了解货币管理方法中较为常规的做法，有时您就有能力分辨出一些与寻常公文或商业报道中说法相反的趋势。举例来说，1949 年货币政策的转变，毫无疑问提前终结了当时商业活动的中等规模的下挫。正是这一轮抢眼的政策转变支持了作者当时的相反意见。该意见发表在 1949 年上半年，指出景气衰退过程将被再度推迟。

让我们把联储委员会 1949 年 6 月发布的政策文告摘录下来，作为一份备忘录，它毫不含糊：“经由公开市场委员会掌管政府证券的购入、售出和市场运作是联邦储备银行的政策，其首要的考虑因素是普遍的商业和信贷形势。”（加点号为作者所加。）

这段话表明，联邦储备银行将扮演一位与经济周期角力的角色。前任财政部长斯奈德（Snyder）曾宣称（1950 年），债务管理政策是“财政部长的责任，不可委托他人代管。”当时财政部希望货币环境宽松——即低利率——而联储委员会意图控制利率，于是，在随后几个月里，我们目睹了一些“有趣的争执。”（想必您记得当时发生的情形：紧随着联邦储备委员会的政策转向不支持债券市场，利率上涨，政府债券价格下跌。1953 年，联储进一步上调利率，长期债券的收益率远高于 3% 的水平。）

在 1955 年全年，信用扩张与货币收紧之间的角力总是成为新闻。联储委员会下定决心要约束消费者借贷的扩张势头。

公众和商业界人士总的说来对货币策略并不理会，或者说并不了解。在这样的情况下，逆向思考者有必要研习货币市场和政府债券市场的基础，以尽力评估银行业管理当局以及政府部门对经济趋势可能发挥的影响。

既然全世界（包括美国在内）都“已经与黄金脱钩，”货币供应量就由人来调控，而不再取决于贵金属的多少。因此，货币供应已经成为经济预测的万能钥匙。

1951 年初，作者曾经发表一种相反意见——与货币问题有关——认为利率将被迫调高，政府债券价格将下跌，因为这是联邦储备委员会对抗通货膨胀政策中的必要措施。这是一个采取与政府宣传相反的思考方式的例子，很有趣（当时总统和财政部长一再大力鼓吹长期利率水平应当维持在 2.5% 的水平，但利率最终还是上升了）。

艾森豪威尔政府不遗余力地谋求稳健的货币方案，但是，滚雪球般的政府开支和“太空时代”的巨额花费使他们的全部努力化为泡影。

Ⅷ

公众总是错误的吗?

这可能是针对相反意见理论提得最频繁的一个问题了。

为了得到正确答案，我们有必要改变一下问题的用词。

请允许我用这样的方式来重新表述这个问题：是否公众在所有时候都是错误的?

答案是断然否定的,“不是”。或许,公众正确的时候还多过不正确的时候。借用股票市场的说法,在趋势发展过程中,公众是正确的;但是,在趋势的两端,却是错误的!

我们可以断言，在事件发生的契机点上以及趋势终了和转化的阶段，公众通常是错误的。

因此，如果用一种讥讽的语调来说，答案则是“是的”，即当采取正确看法才能有所收获的时候，公众总是错误的——不过，在中间阶段公众并不是错误的。

经常有人问我：“1928 年和 1929 年的情况怎么样？难道当时公众对市场的看法不正确吗？如果当时采取相反的意见就错了吧？”

如果您所谓“正确”指的是在狂暴的投机漩涡里随波逐流，那么公众在 1928 年是正确的——但是，从上述结论的意义上来说，即当市场最后一击时公众往往是错误的，1928 年的公众绝对是错误的。

基于同样理由，因为相反的意见可能提前了许多个月，所以相反的意见可能也是错误的。在诸如 1928 和 1929 年那样极大规模的投机狂潮中，从防止人们卷入这场风暴的意义上说，相反意见理论是正确的，但是从评估交易者当时中期纸上利润的角度来说，则无可置疑是错误的。

1928 年，许多精明人士在认识到市场已经走得太离谱之后，曾经离开股票市场——遗憾的是，由于价格持续暴发性地上涨，其中不少人再度为之吸引，重新卷入其中。“每个人”都一门心思专注于上涨行情，很少有人（如果有的话）留意到财长梅林（Mellon）1929 年 7 月发表的隐晦评论，“现在是买进债券的好时机”。实际上，几乎没人理解他的意思——或者在乎他的意思！

这里要声明，采取相反意见常常导致应用者过于超前，超前于事件真正发生的时机。相反意见很少可以为某人的结论“抉择时机”。

在经济学里，“时间要素”是一项最难把握的因素。我们要把这一点牢牢地印在脑子里。

（据我所知，迄今为止尚无任何已知的方法可以用来确定事件或趋势的时机。）

因此，在采用某种相反意见的时候，作为一项准则，我们必须认识到我们的看法可能大大超前于群体。这是因为经济趋势在发生转变乃至逆转方向时，其过程常常是非常缓慢的。频繁出现的情况是，特定局面下的大众意见往往呈现出一边倒的情况，以致于与其相反的意见显而易见。然而，也许还要再过几星期、或几个月，实际局面发展才能形成足够大的变化，足以使得上述相反意见成为正确的结论。

不过，这样来表述可能是稳妥的：提早一些总比落后一些更明智——在大多数经济决策中。这一点不仅适用于股票市场。无论如何不止于此。同样适用于商业策略以及经济方面的其他问题。

综合起来，公众并不是所有时候都是错误的——而相反的意见通常在时机上超前。

IX

为了总结对相反意见理论的简要论述，还得处理下一个问题：应用相反意见理论是不是很困难？

显然，这是一个棘手的问题，因为该理论并无固定的模式。我想本文已经有了足够多的说明，以证明如果我们养成了与群体思维相反的“思考习惯”，那么结果正确的时候常常就超过了错误的时候。

不可否认，该理论是难以掌握的，常常出人意料。首先，采取与大众意见相反的立场与人们的自然反应是相悖的！其次，当您与他人讨论您的相反意见时，几乎总会引起他们的强烈反对——他们将找出无数理由和论据，以证明您的相反的观点是错误的。情况看起来似乎很清楚，您的想法应当同其他人一样，因此要坚持您原先的相反立场是很困难的。最后，常常需要经过长时间之后才能证明您的观点是正确的。等待往往削弱了信念，因为您开始担心自己持有的相反意见是否真的可靠。

所谓相反的立场，意味着您必须对显而易见的东西采取相反立场——而这一点常常令人困惑。

如果我们听一听弗兰西斯·培根（Francis Bacon）爵士的话，或许有助于理清上述头绪烦乱的解释。他早在300年前便告诫他的学生，“在你相信任何事物之前，首先怀疑一切！当心你崇敬的偶像！”在其《新工具》（Novum Organum）一书中，这位敏锐的思想家和迷信破除者首先确立了他对一切事物的怀疑，然后才过渡到他对知识的思考：“一般说来，应让每一位学生……将以下这一点作为规则牢记在心——无论他心中已经形成了何种看法，或者已经何等安然地接受了某事物，都应当对该事物保持怀疑态度；如此一来，他就会在处理此类问题时付出更多的谨慎和关注，确保对其的理解是均衡和清晰的……”

对如下观点人们已经做了很多研究论述，并且我相信已经得出了明确的定论：如果在考虑经济和政治事件的过程中，没有将群体意见纳入研究对象的范围，那么最终的预测肯定漏洞百出。在预测过程中，逆向思考方法无疑有助于我们避免许多易犯的错误——这些错误往往出自对大众未来行为的失算。

我认为，在人为调控的经济体系中，比在所谓的自由放任的社会体系中，上述情形可能更容易出现。理由如下：正如前面曾提到的，在人为调控的社会体系下（我们正稳步地越来越深入地朝着这样的社会发展），宣传手段成为史无前例的有力“调控”工具。

我们的头脑被各式观念和说法不停地狂轰滥炸，其公然目的就是影响我们的思想。到底有多少“新闻”实际上是人为炮制的，我们并不知情。

如何将宣传和真正的新闻区分开，需要一付通晓新闻采集和宣传机构运作内幕的敏锐头脑。

但是，评估公众意见——以及商业上的公众意见——然后坐下来分析得出相反的观点，并不需要那样敏锐的头脑。这个过程需要练习，但是并不像表面上看起来的那么困难。

事实上，我打算以下述观点来结束本论文：**与创造全新的思想相比，采取与大众观念相反的立场要容易得多。**

采取相反的立场是值得的，因为这也许可以使您远离猜错的困境。

第二编

关于相反意见理论和逆向思考艺术的随笔

"反习俗而行，庶几行之有效。"

——让·雅克·卢梭

（Jean Jacques Rousseau，1712 ~ 1778）

潮起潮落的大众激情

在这组关于相反意见理论和群体心理学的杂文中，第一篇文章先要看一看由战争煽起的一波波大众激情。

人群情绪随着一系列事件的展开而逐渐升温或降温——但是在总体情绪升温的过程中，它就如同上涨的海潮，一波高过一波地逐渐发展。

战争把人们的感情和行为推升到了反常的调子上。人群情绪相互感染（用勒·邦的话来说），四处蔓延。爱国激情、不断加剧的惊恐、对敌人本能的仇恨——所有这一切混杂在一起，把人们激发起来，聚集起来，以寻求集体的安全感。威尔弗雷德·特罗特（Wilfred Trotter）[①]指出："群居动物基本的精神特性就是对同一种群内其他成员的敏感性……对整个群体的威胁属于最强烈的刺激……群体中的个体对这类刺激以最强有力的方式做出反应……"埃费里特·迪安·马丁（Everett Dean Martin）[②]告诉我们，"在这种情况下，人们所有的兴趣——除了追逐利润之外——统统受唯一的激情所支配：打垮敌人！"

在我们反省战争激起的汹涌群情的时候，或许应该回顾一下阿诺德·托因比（Arnold Toynbee）的告诫，1914～1918年以及1939～1945年的两次世界大战并不是"孤立的或从无先例的灾难。这两场战争前后呼应，串联成一个系列。"不仅如此，这个系列还是"渐强式"的——托因比的结论是，后面这场战争"尚非这段渐强式乐章的高潮部分。"

当然，直到毁灭"整个群体"的危险即将降临的时刻，群体的本能才能被完全激发出来，这一点很重要。举例来说，直到中国参与朝鲜战争之时，

① 《和平与战争时期的群体本能》（Instincts of the Herd in Peace and War，London：T . Fisher . Unwin，Ltd . 1916）。在1916和1918年阅读和研究本书非常切合时宜。该书已有修订版，R·W·查普曼（Chapman）编辑（New York：Oxford University Press，1953）。

② 《群体心理学》（The Behavior of Crowds，New York：Harper & Brother，1920）。

才使得大众开始忧心战争扩大的危险性，而在此之前，6000 英里以外的朝鲜战争并没有给大众带来严重的影响。

特罗特在谈起群体心理学在战争期间的这一特点时，援引了 1899 ～ 1901 年的波尔战争。“这场战争没有直接威胁本土（指大不列颠），也没有人认为它有可能直接威胁本土。”发生在我国历史上的西班牙——美国战争也与上例类似。在 1940 年冬季这场短暂的“伪战争”中，国内和国外众人们对希特勒的威胁都是漠然处之。

因为朝鲜战争扩大化的方式刺激——加上国内推行的庞大战时计划，以及铺天盖地的宣传攻势——终于在 1951 年初掀起了滚滚而来的大众激情，同历史上战争时期群情激昂的情形相当合拍。

无论如何——注意，这是要点——如果战争计划的主要目的在于阻止战争，就不大可能形成持久的或强烈的社会情绪。因此，上述汹涌的人群情绪浪潮看来受到了其他替代因素的影响，例如：

1. 如果真正的战事没有在数月之内爆发，那么战争激情的浪潮往往会逐渐消退。

2. 如果真的爆发了一场世界范围的大战，其灾难性后果显然远比现在我们所看到的严重（比如一场电子恐怖战争）。

3. 如果战争的威胁突然解除，那么大众对战时计划以及它所带来的种种限制马上转变为反对态度，转变的过程同样来得很快。

投资者的两难处境

不久前，关于股票市场预测和实际投资操作两方面的关系曾经发生一场热火朝天的大辩论，尼尔氏相反意见理论恭逢其盛，也加入了一分子。

A·威尔弗雷德·梅（A. Wilfred May）先生时任《商业和金融年鉴》（Commercial and Financial Chronicle）的执行编辑，他在 1950 年 12 月 27 日芝加哥的一场演讲，挑起了这场有关投资理论的“华山论剑”。他痛批当时在市场上有呼风唤雨之能的市场预测做派，通过强有力的案例隆重推出“价值投资理念”——简而言之，价值投资理论辩称，我们应当买入具有价值和良好前景的投资对象，就像买下一块农场，或是盘进一爿商店一样，而不是在市场波动起伏中弄潮。作者回顾自己 25 年的投资生涯，诚心诚意赞同这样的投资策略。

我不期然地卷入了随后而来的论战（在“读者来信”一栏里）。温斯洛·科休和斯特森公司的 B·K·瑟洛（Thurlow）先生是纽约股票交易所的会员，他表示同意梅先生的买入策略，但同时反问梅先生，准备采取什么样的卖出策略。在瑟洛先生反问的问题中，有这么一条：“您是否认为，类似于尼尔氏相反意见理论的大众心理学投资方法，应当在您的投资策略中占有一席之地？……”

这个问题提供了一个好的由头，于是我乘机吹响了相反意见理论的号角，发出一个不合拍的音节。

请允许我强调心理学的一个要素——老生常谈的一句套话——如果把全部问题归结到最终的基本因素，则投资问题就是一个人性的问题。

一般的投资者并不思考——也不愿意费脑筋。有了自动化的预测方法，他们更省得自己亲自动手辛苦研究了。如果能够借助某种市场摆动方法“读出交易信号”，就可以免担烦劳。问题是，如果我们指望发现深埋在地下的金矿，就得经过艰巨的劳动一铲一铲把土挖起来再抛出去。寻找真正的价值的确是件苦差事！梅先生“买入价值”的概念毫无疑问是可靠的投资方法，但是需要付出艰辛的劳动和具备严格的精神自律。在大众投资者中，永远不会有太多的人愿意付出这样的代价。

因此，我大胆地断言，除非大众心理发生了转变，否则，相反意见理论就是一个有效的指南针——而千百年来，大众心理从未改变。只要大众投资者（以及他们的许多投资顾问）总是作为一个群体来行事，就值得我们做一个逆向思考者。

这儿又是一个不合拍子的音节：如果哪位仰赖相反意见理论来选择出入市的时机，那么免不了时常大失所望。

然而，凭这一点并不能否决该理论的适用性。迄今还没有什么方法可以确定经济趋势的形成和逆转时机——但是正如众所周知，每当市场处于重大趋势反转阶段时，众人总是错误的。也许您的判断下得过早，但是它仍然有用；您得为误差留些余地，明白自己也许会比预定的时间早到一会，但是不会误了火车。

更进一步地，如果您采用梅先生的可靠观念，则有更多的理由成为一个逆向思考者。深刻的头脑一定是反向思维的头脑。除非我们在未曾开采过的地方，选择表面看来似乎可能性不大的地点来开挖，否则很少能够真正挖掘到价值。类似地，当市场上人气沸腾，“每个人”都在买入的时候，那些价格远超过价值的地方，也很容易被众人忽视。显然，当市场处于“高位”时，有“价值”的投资对象便越来越少——然而，正如梅先生所指出，总是有人愿意深挖不止（为了用实例来印证一下，也许我们应该提起 1929

～1930 年的黄金类股票……为了呼应梅先生的论点，我论述了这些学术性的问题。我没有投资咨询方面的顾客，所以随心所欲来发表意见正是尽我的本分）。

习　惯

在这些关于逆向思考方法的随笔中，“习惯”这个词时常会出现，所以我们先来谈谈这个题目。

理所当然，习惯是心理学研究的主要范畴之一。人们有各种各样的习惯，有固定不变的，也有不时变化的；与此类似，人们的体质、精神和情绪也有各种类型。

威廉姆·亨利·米克塞尔（William Henry Mikesell）①告诉我们，“人们头脑中的每一部分都已经习惯化了。”不仅如此，而且每个人都既有思维上的习惯，也有技能上的习惯。之所以我们能够对某人十年后的境况做出一般性的预言，正是因为他的思维方式往往已经形成了某种固定模式。每个人都有情感上的习惯。很少出现某种从未出现过的新鲜花样；绝大多数感情都是过去曾经体验过的。在很大程度上，待人接物的态度属于情感习惯……每个人都有情绪习惯，理解问题的习惯……

由于习惯势力的作用，我们形成了各种例行公事的行为模式和思维模式。这一点既适用于解释日常生活中饮食、衣着的习性，也适用于解释商业、金融方面的思维习性。随着我们在人生阶梯一节一节向上攀登，我们的判断渐渐地养成了许多固定的模式。如果面对的问题超出常规，我们倒是有机会摆脱“习惯性抉择”的套路，但是在商业上的日常决策过程中，多半都是出于习惯。

我们对经济和市场的感受也渐渐沦为例行公事，除非不断借助新鲜思想和历史背景来更新自己的头脑。正如佛蒙特当地人所说，一个人总是“**沉醉于老习惯中而不觉**”。

---

①《群体心理学》（The Behavior of Crowds，NewYork：Harper&Brother，1920）。

为了说明上述道理，您不妨把两类人的思维习惯作一番对比，一种人是在30年代接受教育并开始职业生涯的，另一种人是在20年代或者更早些时候已经成年的。无数年轻人被30年代的大萧条和新政早期的艰难岁月打上了终身的烙印。结果，这一代人养成了消极悲观的思维习惯，而更早的一代人则是在经济繁荣、个人主义盛行的年代长成的，要在这两类人的观点之间找到共同点，实在难上加难。

威廉姆·詹姆士（William James）在他散文名作“论习惯”[①]中强调，人们普遍承认一个事实：任何一种精神活动的序列如果被人一再重复的话，这个序列就倾向于固定下来，很难改变了；因此，我们常常发觉，如果在某种情境中，我们如是觉、如是想、如是为，那么在类似的情境中，只要没有其他明显故意的动机，我们就习惯于条件反射般地如是觉、如是想、如是为，并且预期同样的结果……人们如此广泛地承认先入为主的明显事实，以至于这个词已经变成了一句格言……

习惯力量把我们的思想圈在俗套中——想要从俗套中解放出来，就得花费可观的精力和时间。因此，当我们仔细考虑群体行为时（也许我们打算采取相反的立场），一方面不得不考虑到该群体的思维习惯，另一方面也不得不考虑到我们自己的思维习惯！这种“俗套式的思维方式”惯常地反映在经济活动中、政治活动中，也惯常地反映在股票市场上。

---

① On Habit，New York：Henry Holt and Company，1914.（Originally Published in Popular Science Monthly，February，1887；then in 1890，in Jame’s The Principles of Psychology）。

通货膨胀心理学

据已故的弗兰克·帕克·斯托克布里奇（Frank Parker Stockbridge）在一本小书中（该书早已绝版）介绍，他在研究过程中碰到的“第一例”通货膨胀，史载发生于25个世纪之前。从那时起，已经发生了无数起通货膨胀的事例。每当通货膨胀暴发时，当时的政府或者独裁者（无疑您一定了解，历史上独裁统治的情形远超过民选政府的情形）总是试图通过操纵市场或大撒金钱来平息通货膨胀，而不是采取治标又治本的可靠措施。通货膨胀的后果通常是悲剧性的，倘非如此，一想到他们的拙劣手段，我们会感到可笑的。

第一场通货膨胀发生在雅典，公元前594年，当时梭伦被推选为雅典的最高执政官，他颁布了一项计划，宣布减轻债务人的负担，重新分配社会财富。此举为后来的政府立下了样板，在2500年的历史长河中，后来者或多或少总要依葫芦画瓢。

斯托克布里奇先生接着写道，希腊人恶治通货膨胀的名声从此传了开来。梭伦称他的计划为“赛莎克西亚”，字面上的意思是“减轻负担”，古怪的是，这听起来倒像一句颇为现代的政治口号。他在实行“赛莎克西亚”时采取的措施听起来也像我们熟悉的那一套。他降低了货币的价值，取消了农业债务。

很有意思的是，沿着历史的进程跟踪各种各样的通货膨胀，可以看到它们的“时间因素”各不相同。也就是说，它们的区别就在于从通货膨胀初生到通货膨胀肆虐——从星星之火到燎原大火，所花费的时间各有长短。

很显然，研究通货膨胀的心理学过程与研究通货膨胀的各种经济因素，具有完全同等的重要性。

在20世纪30年代初，前总统罗斯福（Roosevelt）下令货币脱离黄金本位，开始试验每天早晨形成一个新的黄金价格，于是出版界一窝蜂地印行了大量关于通货膨胀的书籍和小册子。在现代任何一份关于通货膨胀的文献目录中，都包括了大量30年代出版的文章和小册子。所有人都被一次又一次地告知，通货膨胀就要来了，它会毁了我们的。然而，与上述警告相反的大众心理还是占了上风。

大众继续平静地过着自己的生活，对这种可怕的危险一点都不在意，一如继往地对美元信心十足。美元的黄金价值已经被剪掉了一块，但是这一事实对一般大众来说毫无意义。他觉得兜里的美元钞票还是一样地值钱。人们就关心这个。结果：没有什么毁灭性的通货膨胀。事实上，美元始终保持在冬眠状态。货币周转的金额也保持平常状态。通货膨胀的火“没有点着”。

又过了15年，公众心目中开始酝酿出某些不安的迹象，以及“对美元币值的疑虑”。与此同时，当局在通货膨胀的源头——货币政策方面——勉勉强强地采取了一些紧缩措施。于是，经济力量和心理因素之间展开了一场竞赛。如果当时我们选择相反的观点（1951年3月），则意味着经济力量终将获胜，这一回还是可以避免通货膨胀失控。

迄今，这依然是摆在我们面前的一个大问题，因为通货膨胀能否被控制住有赖于未来的货币政策，有赖于政府的预算管理。

当不存在明显的大众意见时

当所有人都忽视了一件致关紧要的事情时，可能这件事对每个人都致关要紧。

在应用相反意见理论的过程中，有时您会发现，对于我们正在研究的问题以及与之相关的各类经济因素，大众根本没有任何看法，人们对这个问题普遍缺乏兴趣。

也许听起来这事挺奇怪，我们怎么能够走到子虚乌有的“大众意见”的反面立场上呢？

其中道理是这样的：我们之所以采纳相反意见，是为了尽力权衡趋势，而不是为了陶醉于纯学术性地评估大众意见。只要特定的经济因素对趋势有影响，那么即使大众对之毫无兴趣，我们也需要把它们考虑进来——因为大众最终会对其后果产生反应。

对大众影响最大、而大众对之兴趣最小的事，要数有关货币和银行学的一些问题（货币问题理所当然包括“信用”方面的问题）。

关于货币、信用和银行学，虽然研究专著、学术书籍已经汗牛充栋，但这依然还是一个复杂的课题，我们对之了解甚少。从李嘉图（Ricardo）到凯恩斯（Keynes），从约翰·劳到欧文·费希尔（Irving Fisher）和萨姆纳·斯利克特（Sumner Slichter），从早期的金属货币主义到近期的货币供应量钉住理论，这些金钱魔法师一茬接一茬地抛出他们的理论。

凡是没有经受过纷繁复杂的货币经济学训练的人，都不得不凭借一些简单法则的指引——我们能理解这些法则，尽管那些权威们对之不屑一顾，因为它们不够深奥。我们看看下面这个例子。

为了限制供给，便造成货币短缺，于是币值上升；
为了增加供给，就促使货币扩张，于是币值下降。

或者看看另一个例子：

币值低廉则商品昂贵，通货膨胀。
币值高昂则商品价廉，通货紧缩。

当然，我们也必须根据其他有关因素来调整上述结论，比如说产量、货币流通速度、就业状况（即购买力）等，但是基本上，货币问题仍然是决定价格水平的根本原因。

就像在高速公路上遭遇雾气的包围，我们也陷身在“货币迷雾”中，因此，我们应当放低目光，把视线集中到公路中间的白色标线上。这么做，也许会错过高深学问那难以捉摸的臆测，但是肯定不会完全失去方向感。

当货币危机发生的时候，借助反向的深思熟悉，我们就能把握住基本的事实，保持反讽性的怀疑精神。货币管理者和货币魔法师们的意见是什么？到底他们的动机何在？真实意图是什么？他们是利用当前的办法来做一番试验呢（比如每天早晨提高一点黄金价格），还是基于历史经验教训做出可靠的抉择呢？货币管理者眼光长远，还是只顾眼前呢？

最后——从以往经验看，我们应当采取和当前实行的货币政策相反的立场呢，还是一致的立场呢？大众后来会做出什么反应呢？

仿效少数人

有一种常见的谬论，认为社会上大多数人的选择决定了社会生活、经济生活、宗教生活的趋势和形态。历史事实表明，恰恰相反：大多数人对少数人的仿效或追随，确立了社会长期发展的轨迹和社会—经济的演进过程。

要是您能找到加布里埃尔·塔德（Gabriel Tarde）具有敏锐洞察力、内容精彩的著作——《仿效法则》(The Laws of Imitation)，一定得不惜代价弄到手。您将从中发现一个可资深刻思考的全新领域[1]，与相反意见理论颇有渊源。

富兰克林•H•吉丁斯(Franklin H. Giddings)是哥伦比亚大学的社会学教授，在他为这本书撰写的前言中，用下面这段话来介绍塔德：

仿效现象作为种种社会现象之一，很早以来便吸引了他（指塔德）的注意力。他长年担任司法行政长官，他观察到，模仿现象在犯罪行为中发挥了很大的作用。塔德先生求知若渴，很快就搜遍了历史，跟踪了西方文明在全球散播的足迹，追溯了艺术、法律、学院的演进历程。结果，大量证据压倒性地证明，在人类从事的一切事务中，不论是善的，还是恶的，仿效行为从来都是一项有力的推动因素；对于深思远虑的头脑来说，上述现象的意义是显然的，必定存在某种心理学或社会学的仿效法则，值得深入研究。

仿效行为以无数形式出现，任何人都必定碰上过这类行为。自从电影占据了主流地位以来，好莱坞一直是效颦和模仿的样板。在罗斯福新政的社会运动之前，年轻人从摇篮起就接受这样的教育：你，一样能当总统。小奥拉西奥·阿尔杰（Horatio Alger，Jr.）曾经写了很多书，这些书宣扬街头擦鞋的

---

① 1903 年译自法文，Henry Holt & Company 同年出版。市面上非常少见。

孩子、报童都应当胸怀大志，一定要“跻入富豪之列”。老一辈人就是在这样的环境下长大的。在股票市场上，仿效行为很普遍，就像众人追随领头者一样。

塔德还对未来作了预言，他在这方面的尝试也值得注意。他是这么说的：“上个世纪（即 19 世纪）是一个大发现的世纪，可以有把握地预料接下来的这个世纪会是一个调整的世纪。”

塔德告诉我们，创新和仿效属于基本的社会行为。反过来，这些因素又受到信念和欲望的激发。因此，“创新和随之而来的仿效进一步控制了人们的信念和欲望，更进一步地发挥了它们的调动作用”，混合成社会和经济演变的强大推动力量。

由于篇幅所限，不能多说，只能算作给您来点开胃小菜，不过请允许我再添上下面这段话，以引起您进一步查阅塔德著作的兴趣：

“……无论如何，这一点毫无疑问……信念和欲望具备一种极不寻常的特性，它们总能适应不同的对象，使之和简单的一时轰动区别开来。这一特性体现在这样的事实上，人们相互效仿相互感染，反复加强了某种信念和欲望，以致在相同的时间里，凡是卷入这种场合的人都染上了类似的信念和欲望……如今我们已经不再流行忏悔、自省这样的事了……但是我们依然有其他流行的行当，比如流行追逐财富，流行赌博，流行买奖券，流行股票投机，流行规模庞大的铁路债券，也流行黑格尔哲学、达尔文主义，等等”（如果他在现在下笔，无疑还会在上列名单中添上流行共产主义和社会主义）。

请作笔记

大约50年前，西奥多·E·伯顿（Theodore E. Bruton，他后来成为美国著名的参议员）写了一本鞭辟入里的著作[①]。遗憾的是这本书已经绝版，也很难从二手书店中寻觅到它的踪迹。这本书值得再版。它出版于1902年，随后的几年中又出了一些新版本。要是您碰巧看到了这本书，一定要不惜一切代价把它添到自己的藏书中。

作者在这本书中引用了各种各样的语录，表达了很多与众不同的思想。也许您有兴趣从中摘录两三则。

例如，在这本书的前言里，作者引用了已故的法国著名金融评论家M·克莱门特·贾格勒（M. Clement Juglar）的一段评论，他在《论商业危机》（Des Crises Commerciales，1889）中这样写道："看起来似乎自相矛盾，一个国家富裕的程度竟然可以通过该国曾经经受过经济危机的剧烈程度来衡量。"

曾经有无数的人对这种荒谬的错觉津津乐道：美国的资本主义经济体系总有一天会被突如其来的大萧条瓦解。想一想这件事，实在发人深省。伯顿参议员有感而发地写道："从经济动荡（即经济繁荣和萧条的交替）中遭受折磨最多的国家，往往正是数十年来社会财富和物质生活水平增长幅度最大的国家。"

我们最喜欢引用的一段话也出现在这本书中："在从事投资事业时，别人做什么，你也做什么，那就太糊涂了，几乎可以肯定，太多太多的人都在做同样的事。"这段话是大约75年以前威廉姆·斯坦利·杰文斯（William Stanley Jevons）教授在他的《政治经济学入门》（Primer of Political Economy）中写的（可见关于相反意见的概念并不是什么新鲜事）。

---

① 《金融危机和工商业萧条的周期》（Financial Crises and Periods of Industrial and Commercial Depressions，New York：D.Appleton and Company，Copyright，1902）

该书作者用笔反复叙说了军备生产所导致的"资本浪费"。关于这个问题，伯顿是这样写的：

正如战争所导致的损耗、企业目光短浅的投资所造成的浪费、为了未来消费而提留资本储备的闲置带来的潜在损失等往往具有滞后效应一样，经济危机或商业萧条对社会财富的破坏作用并不是在其早期就能显露出来的，而是要在持续一段时间之后才能充分暴露……由于战争造成了巨大损耗，经过一段时间之后，将激起巨幅增长的供给活动，因为需求异常导致了普遍的商品紧缺。由此看来，战争期间，或在异常活跃的投资扩张期间，经过一段时间之后，经济环境的真实面目往往因为一些特殊因素而模糊起来，比如失业率普遍降低，价格居高不下持续上升，投机活动盛行……（这些话早已精确地描绘了第二次世界大战后的年代；然而，后来那些预测者错误地告诉我们，我们马上就要面临景气的消沉）。

时至今日，如此之多关于"货币供应"的文字纷纷出笼，有些研究人士更是断言，依靠充足的货币供应就能阻止一场经济衰退，如果我们记下伯顿参议员的这段评论，实在大有趣味："……或许从表面看来这是一个自相矛盾的结论：当危机和萧条刚刚发生的时候，我们也许会发觉，无论货币还是资本都是充裕的，而不是紧缺的。"

论持有与人群相反的意见

首先让我们来简要地定义“人群”这个棘手的词语。这个词来自对应的拉丁词，原意为“成群集队地汇聚在一起”。

我发现有一本书对研究逆向思考方法有帮助，书名为《和平与战争时期的群体本能》，作者是威廉姆·特罗特，前面曾经提到过这本书（译者注：可能由于作者笔误，两处的作者名略有不同）。该书作者把他的社会学理论建立在“成群集队之人”的概念上，或者说建立在人类的从众本能上。他宣称，“从原本的意义来说，人类就是一种群体性动物，实质上，这种群体性和蜜蜂、蚂蚁、羊群、牛群、马群……的群体性是毫无二致的。人类的行为为这个命题提供了确凿无疑的证据，因此，如果我们探讨人类社会各种错综复杂的问题，这个理论就成为一条不可缺少的线索……”

虽然有把思路引离本文主题的危险，但是我们还是要非常简略地介绍一下特罗特观察到的我们人类表现出来的其他许多明显的群体特征：

1. 人类不能忍受孤独、恐惧孤独——不论身体上的孤独还是精神上的孤独（我想我们所有人都承认人类普遍具有这一特性。绝大多数人不喜欢孤独。如果我们不得不在一整天里完全与世隔绝，那么我们之中的大多数人在头一个小时内就会变得无聊、厌烦）。

2. 人类对群体声音的敏感度远超过任何其他东西的影响（当然，这就是所谓的“从众”理论）。

3. 人类受到自己所处的暴乱人群的群体性狂热的支配，也受到自己所处的恐慌人群的惊恐情绪的支配（经济恐慌也反映了人类的这一特性）。

4. 人类明显受到领头者的影响（提起这一点，我们立即会想到希特勒或拿破仑，其实历史书上记载了数不清的暴乱民众盲目追随领头者的事例）。

5. 人类和群体成员的关系取决于他是否被承认为该群体的一员（这里我们碰上了心理学上所谓“名声竞赛”的说法，这涉及现代人事工作的领域，以及新兴学科“行业人际关系学”）。

如果说逆向思考习惯教会我们开发自身的资源——愿意偶尔独处——那么仅就这一点看来，它已经很有价值了。因为当我们独处时，往往能够养成用心思考问题的习惯，而不是把他人的话当成自己的想法（正如一位作者所说：假如您不能把问题想透，问题就会漏（透）过您的想法）。如果我们真正学会思考，的确会成为少数人中的一员！我发现了一个有助于思考的办法，首先听取当前最有影响力的主张，然后让您的头脑随意地周游其他各种您所能想到的与之“相反的”和“不同的”观点。我把这个办法称为反复思考（或者说思想反刍）。

相反意见理论是一种“思维方式”

常常有人提出这样的问题：相反意见理论到底是什么？

我们大致可以用一句话作为以上问题的答复：它是一种思维方式。不过，请允许我补充一点，不要滥用它！我们应该按照它本来的用途来使用它。它肯定不是一种在赛马中竞赌压注的法宝，也不是在股票市场大把赚钱的系统。它不是一颗水晶球。坦白地说，它就是要我们培养正确的思维习惯，其实每本教科书上都写着这样的学习建议，**即对待所有的问题都要同时看到它的两个方面**。或者，我们借用弗兰西斯・培根爵士的话来表述：“在你相信以前，怀疑一切……”

愿意费心劳神地同时推敲问题两个方面的人可以说凤毛麟角——实际上，大多数人甚至连花功夫单单把问题的一个方面搞清楚都不乐意——因此，如果我们能够置身于那些尚愿偶尔开动脑筋的少数人的行列，显然拥有极大的优势。请相信，写这些并不是为了逗闷子。大多数人通过二手渠道——从他们匆匆浏览过的文章中，或者从心不在焉的耳闻中获得信息、形成看法，这是再真切不过的事实。

请允许我引用一位饱学之士与此有关的一段文字。艾伯特・杰伊・诺克（Albert Jay Nock）在他的《一个多余人的回忆录》（Memoirs of a Superfluous Man）[①]中，对于全民普及教育提出了许多严厉的批评，尽管他把教育失败的责任更多地归咎于我们，学生，而不是归咎于教育体系。

诺克写道：

① Harper & Brothetrs，1943. 同时参见诺克的《我们的敌人，国家》（Our Enemy The State，1935）和《艾伯特·杰伊·诺克书信集》（Letters from Albert Jay Nock，1949），The Caxton Printers，Ltd.

逆向思考的艺术

我们的教育体系完全建立在良好的信念之上，即全民初级教育将把每一位公民造就得更贤明；然而事与愿违，它所起的作用完全不是这么回事。公民的普遍智力水平依然停留在教育体系建立以前的水平上。教育体系的倡导者们不了解，也不可能了解，人类智力停止发展的平均年龄大约在 12 ~ 13 岁之间，因为这一点当时尚未有定论。

但是——这里您将看到和相反意见理论的关联之处——诺克还是认为我们的教育体系产生了一些结果，他的术语是“矫枉过正的结果。”“如果说它没有对提高大众的普遍智力水平作出任何贡献的话，它倒是成功地导致我们的公民更容易上当受骗了。它具有一种强大的倾向，把人类智慧中轻信盲从的成分强化在铅印的言语上，使得受教育者服从权威的天性或者盲目崇拜的心理更加巩固，从习惯于读报的人群中也许我们就能看到此类高度发达的习性。”因为学校教育我们相信从课本上读到的一切，接受老师告诉我们的一切，我们渐渐养成了“不假思索地接受”的习惯，而不是凡事都要运用我们应有的智慧。

正如诺克所说，这就使有智慧的人类（也许我们应该换个说法，“聪明的家伙”）成为“易于塑造的模型”，“不论怎样有害的谬论，只要经过权威的包装，就能灌输给他。”

如此看来，我们就可以借助相反意见理论来避免群体性“不假思索”的错误，再运用简明实用的常识来达成正确的决定。通过这样的办法，您就能“在游戏中取胜”，但是这是您自己取得的胜利，而不是这个理论的。本理论仅仅是一种思维“途径”——我们可以经由这条“途径”达到正确的结论。

顾头不顾腚的思考方式

当我们处在兵慌马乱、前途迷茫的年代（四处碰壁就会使我们悲观失望！）——比如说最近几个年头，以及很可能在可预见的未来几年内——大部分想法和计划往往出于顾头不顾腚的应急性需要。就像在第一次世界大战期间，飞行员靠挪动座位、改变坐姿来驾驶飞机一样。

对内和对外政策的制定，以及日常商务中的决策，越来越多地被短期的偶发事件所左右——即偶然因素——而不是服从于长期的规划。

下面这段不长的文字引自福里斯托尔（James Forrestal）的《日记》（Forrestal Diaries），其中强调指出了这种偏重于短线思维的摇摆而没有长远眼光的陋习。

1945年6月6日——今日我比往常任何时候都更深刻地感受到，随着现实环境的演化，国家大计往往是由于各种偶发事件的促发而形成的，除非有人能够对这些事件具有坚定而清醒的思想认识；他必须坚定、清醒到这样的程度，足以使他有能力制定长远政策，而不是由偶发事件促成政策的形成（参见下一篇文章，“把马车驾在马前头”）。

相反意见理论正好符合这位作者的主张，因为它有助于解决如何在偶发事件或突发重大事件中进行思考和规划的问题。

在我看来，我们可以养成问一问为什么的思考习惯，当某些重要的预言发表后，问一问“这种说法也许很适合当前短期的情况，但是从长远的眼光来看，结果会怎样呢？”当然，我们也应该反过来问一问。

换句话说，我们既可以从时间框架上持有相反看法，也可以从事件的角度上持有相反看法。我们可以说，从长远角度看，某些人们普遍接受的观点也许是正确的，但是如果我们采取逆向思考方式推敲一下，换到近期的角度观察，则可能是一种错觉。

也有反面的情况，常常有一些观点牢牢地抓住了人们的头脑，但是我们不可能据之形成任何可靠的长期意见，因为未来总会出现不可预知的因素。我想起了这样的一个事例。之前，人们把这种经济学观点当作事实而广泛接受：合众国已经达到了“经济成熟”的境界。人人都说我们的经济已经成熟，消费不足现象将永远持续下去，失业率将始终维持在低水平，几乎听不到不同的声音。您还记得吗？就在短短的两年之前，您也曾听到同样言之凿凿的观点，说通货膨胀肯定要发生，将要有一段长期持续的经济繁荣，只要政府投入大量货币来防备，不可能发生经济衰退。然而，到了1953年，“人人”又在谈论经济不景气了。

逆向思考方法还能在另外一方面为我们提供帮助，使我们避免简单地凭现在来推断未来，这是一种代价很大的错误习惯。就是说，人们往往倾向于假定，如果今天阳光明媚、天气暖和，那么明天也会风和日丽。这一点正体现在1929年，您不妨回忆一下，当我们高栖在股票市场“永久价格平台”之上时——当时大家都以为这种局面会永远持续下去。所谓“新时代”的说法正是从这种错觉中萌生的。人们把今天简单地投射到明天，根本不考虑夜里可能发生什么意外。

把马车驾在马前头

作者认为（站在与已故的詹姆士·福里斯托尔相同的立场上），当今世界危机性的“突发事件控制着人类的行为”……更进一步地（我们得承认这有一点愤世嫉俗的味道），世界上发生的事件看来太重大了，以致于人类的心智不能成功地应付周全。

如果上述结论的确有真实的成分，那么通过相反意见理论，我们可以找到一条解决问题的途径。

依我之见，当我们身处危机的时候，突发事件一般总是控制着人类的行为，这一点我们可以找到有力的证明。这里不打算检讨最近的几次危机，让我们来看看一位伟大的思想家针对我国历史上一次严峻的危机所作的评论。林肯（Lincoln）总统于1864年4月4日写给A·G·霍奇（Hodges）的信中，批评了后者对奴隶制的态度。在这封信的结尾，他这样写道：

“……我并不企图夸耀自己的贤明。我并不声称自己控制了各个事件，相反，我要率直地告诉您，事件控制了我。现在，在持续了3年的斗争即将结束之际，全国的形势既不是哪一个党派，也不是任何个人预谋得来的或预期得了的……。”

回顾历史，凭借着我们现在可以通盘了解历史事件整个过程的便利条件，我毫不怀疑地相信，人们普遍承认，虽然林肯总统没有控制一切事件的发生，但是他的确具有博大的智慧和坚韧的道德信念，从容地应对了各种出人意料的事件和局势。

一方面，如果认为当今人类的智慧无法与各种事件的力量相匹敌，更不用说未来新事件还将层出不穷，这种想法显然只属于个人看法。另一方面，国家领导者们将一如继往地竭尽所能来处理各种事件，或者按照他们的理解或愿望，以对他们自己最有利的方式来处理各种事件。

由于世界政治格局引导着政治领袖们的思想方式，他们和事件竞赛的方法，或者说与事件角力的方法，往往随着特定的国家领导者希望达到的目标的变化而变化。现实地说，某种解决方法也许对一个国家有利，却对另一个国家非常不利。

在这种错综复杂、勾心斗角的环境下，相反意见理论有什么助益吗？

我看似乎是这样的，我们不得不把马车驾马前头：也就是说我们不得不把事件放在有关的人之前考虑（指那些制定决策的领导者）。我们认为他们领导着我们，就像马拉着车一样。但在实际上，事件把领导者们拖在它们后边。由此可见，如果我们首先考虑具体的事件，尝试着用我们的小办法对事件进行分析——不必介意领导者们会做出什么样的反应——我们就能看到未曾被领导者的个性染上色彩的事实的本来面目。

也许我们可以假定，事件的出现往往一个接着一个，令人惊愕不已。领导者到底采取什么样的态度，我们既无从了解、也无从预期。我们忧心忡忡，不知道赫鲁晓夫或莫洛托夫下一步要干什么。实际上，我们同样也弄不清邱吉尔、李承晚、艾森豪威尔、法国领导人或意大利领导人要做什么或说什么。然而可以肯定，事件一定影响行为。

普遍不平等法则

当制造社会假象的人通过有害的宣传，力图诱使我们相信每个人都拥有完全的平等时，让我们这些唱反调的现实主义者牢记帕雷托的普遍不平等法则。

维尔弗雷多·帕雷托（Vilfredo Pareto，1848～1923）是一位杰出的工程师，出生于巴黎，身上带有意大利血统。他创立了“收入分布理论”，后来被世人誉为帕雷托法则，该法则的图解形式则称为“帕雷托曲线”。

根据卡尔·斯奈德（Carl Snyder，参见下文）的研究，如果用简单的语言来表述，那么帕雷托法则揭示的是，享有很高收入的人数为相对的极少数，享有较高收入的人数则大为增加，然后，随着收入的递减，享有相应收入的人数逐渐稳步增加，形成了一条平滑的曲线。

“如果采用对数坐标来绘制各种水平的收入和相应收入水平的人数之间的关系曲线，这样的曲线将是一条直线（在曲线两端的极端水平上存在微小的偏差）。”

帕雷托法则意义何在？您不妨问问自己。每个人都明白，穷人比富人多过千百万以上。

这一法则的基本概念实在重要，它说明发达国家具有最庞大的富豪阶层，因而全部人口都享有很高的生活水准。只要花上片刻功夫，比较一下印度和美国的情况，想想其中的道理，我们马上就会注意到这一点。

此外，如果顶层群体的收入长期处于下降趋势中，就会导致由此往下直到底部所有阶层的收入下降。也许换一个说法更清楚。高收入群体的收入缩水，将引起所有较低收入群体的生活水准的下降（临时课征较重的所得税可能在短期内引起收入下降，我们不考虑这种情况）。

因此，当那些改造社会的试验家们和您谈起拉平收入的问题时，您可以拿出帕雷托法则，向他证明一旦收入被拉平了，那么大家将会在低水平上人人平等——不仅如此，随着时间的推移，生活水平将最终下降到和那些富豪人数相对极少的国家看齐。

公共福利体系是从人数越来越多的富裕阶层的餐桌上掉下来的面包屑里衍生出来的；而不是靠抢走他们的餐桌，让所有人都到猪食槽一样的地方吃饭。

现在，我们还回到卡尔·斯奈德的话题上。他曾经在联邦储备银行纽约分行担任经济统计师多年，是一位杰出的经济类主题的作者和思想者。他对经济科学的贡献值得引起注意。他最重要的著作是一部思想深刻（但文字轻松活泼）的书，题为《资本主义：创造者》（Capitalism the Creator）[①]。对于那些学习各种新主义、新错觉的学生来说，这本书应当放在床头，以备时常提醒自己，也让自己能睡得更踏实。斯奈德关于帕雷托的一章阐述得浅显透彻，讲解了帕雷托的发现的核心内容——帕雷托法则的统计学根据。

① New York：The Macmillan Company，1940.

宣　传

只要国际紧张局势持续下去，我们就会被越来越深地淹没在“宣传性”新闻中。为了防止窒息，我们应当求助于相反意见理论。

让我们对各种“宣传”手段进行一个简要的考察。我个人以为，我们和俄国的宣传是针锋相对的。

如果我们打算对双方运用的宣传手法进行一番比较，首先就得尽量确定俄国想达到什么目的，西方阵营又想达到什么目的。

1．首先，我们来考虑俄国……

(1) 俄国为了控制其民众需要一场危机，危机可以转移民众的视线。

(2) 如果没有持续的危机状态，那么我们可以心平气和地推论，俄国经济将会崩溃。

2．再从我们这一边来看……

(1) 我们企图摆脱危机以避免崩溃。

(2) 西方国家偏执地忧虑将来可能爆发大规模战争。

(3) 如果这场危机持续得过久，西方国家就会面临崩溃的危险（英国、法国以及其他国家脖子上的绞索差不多已经收紧到尽头了，必须在其脚下垫加支撑）。

现在您可以看出，俄国采用的宣传方式和西方国家采用的宣传手法一定大异其趣。

克莱德·R·米勒（Clyde R. Miller）在他的著作《说服的方法》（The Process of Persuation）[①]中，列出了“四种简单策略”（用他的话来说），以达到说服他人接受或拒绝某种观点或信念的目的。

1. 所谓接收策略或“道德”策略……设计意图是，通过和“好”的词语、标签联系在一起，来诱导他人接受。

2. 拒斥策略或“毒药”策略……通过和“坏”的词语、标签联系在一起，诱导我们拒斥。

3. 鉴定策略……通过“好”或“坏”的鉴定来达到令人接受到拒斥的目的。

4. “人多势众”策略……将上述一种或全部手段运用于某个压力集团，或者调动大众情绪和行为，通过他们诱使我们接受或拒斥。

为了便于说明，我们不妨考虑裁军提案的事例，我们注意到，我方采用的是“道德”策略，我们的方案当然是维护“和平”的好主意。为了反对杜鲁门——艾奇逊（Acheson）提案，维辛斯基（Vishinsky）在1951～1952年的长篇抨击演说中，把“毒药”策略（冷嘲热讽的演说手法）发挥到了极致。维辛斯基使用的“坏”词语是战争贩子（并且一遍又一遍地申述），一有机会，他就要把这个标签贴到西方列强的脸上。无论如何，这位苏联外长并不愿意表现得像反对和平的样子，于是正如您所回忆，他在关于裁军的四国会议上抛出了一个反提案。

① New York：Crown Publisher，1946，无论如何都要研究这本书。

请注意，此后一直到马伦科夫（Malenkov）1953 年 8 月发表的氢弹演说，苏俄采用了同一种宣传模式。它是一把双刃剑：一方面呼吁和平解决所有的世界问题，另一方面把美国的战争哲学排除在外。

通过本文对宣传艺术的简要考察，我想您会同意，逆向思考方法在看穿宣传迷雾上确有其价值。

现实主义：对过年心理的逆向挑战

本文作于 12 月。

过完了圣诞节，国人们都要在厨房里挂起一幅新年历，心里憧憬着新年的好运道。当我们把旧年历扔出去的时候，这里头有一点刺激作用。新年的开端对麻木的头脑有益处。

每逢年关，我们都得面对这样的挑战：让我们把相反意见理论表述得更平易明了、更前后连贯、更有说服力吧。大家都清楚，关于逆向思考方法，还有很多内容有待学习。

可能您已经注意到，最近我们曾经引用了一些其他作者关于相反意见理论的文字。这里再重复一下本书作者关于相反意见理论的见解，也许没有什么不妥。

逆向思考方法的基本用途就在于它是一种客观、务实的研究方法。逆向思考方法使得我们能够设法避免陷入个人偏见或者先入为主的成见中；避免自溺于主观愿望或一厢情愿式的思维方式里；避免草率仓促地下结论，被大众情绪牵着鼻子走。

每逢新年，直面现实的确都是必不可少的。

或许我们也应该提及相反意见的一个主要缺陷：

在关于经济方面的文字中，人们更习惯于一再地支持先前公开发表过的论点，这种现象在其他任何领域都没有这样普遍。

在应用相反意见理论的过程中，最大的诱惑就是为了支持一己之见而被迫选择相反的观点。如果某人对于一种经济趋势早已心存预定的想法，那么他很可能仅仅出于验证、加强成见的目的才转向相反意见的。除非他在精神上具有人所难及的良好自制力，否则他之所以将注意力转移到这些相反的观点上，是因为可以随心所欲地歪曲这些观点，让自己对原先的结论多一重踏实感。

让我们采取适当措施以避开错上加错地巩固个人成见的陷阱！举例来说，如果某人已经径自作出预测、提出建议，就不再可能客观地评估各种意见和大众情绪了。他不可能逃脱维护自己的建议和预测的覆辙。

我认为这样一个心理学事实是成立的，一个人不可能在提供建议的同时始终站在客观超然的立场。您不能一方面属于个人，同时在另一方面又不属于个人。当某人提出了建议后，他的心思自然集中到“期盼”上，但愿自己的建议被事实所证明，而不是维持在客观、务实的立场上，后者本来有可能对先前的看法发生影响。

本书作者相信，在长篇累牍的种种预测和研究资料之外，仍有作出其他评论的余地，我们不妨讨论一下其他人的预测、建议以及“固执己见”的内容。这样，您就能够作出自己的决定。从最终的分析结论来看，每个人都是他自己最好的顾问，同时他也必须承担自己的决定所带来的后果。

经济学家有时是如何驱使自己的预测走向错误的

也许您暗忖，本书作者总爱对他人的预测吹毛求疵。

请允许我向您保证，当我提出一些自己的观点，而这些观点同经济学家们、金融评论家们的一致看法背道而驰的时候，并不是成心要表现得像一个爱挑剔的人。他们是一群尽责的专业人士，我对他们怀有崇高的敬意。我认真阅读他们的评论和分析。我敢说，当我阅读他们的观点时，注意力集中的程度一般超过认同他们见解的程度，因为当“一名逆向思想者”要求我这么做。

无论如何，这里引出了关于经济学预测的一个有趣的侧面：经济学预测者的影响有时会导致他们的预测走向错误。

过去 20 年中，职业经济学家和分析家的领域得到了极大的拓展。如今，为数众多的公司都设立了经济研究部门，而仅在几年之前，这几乎还是闻所未闻的事。对旧时代的实业家和商人来说，经济学家毫无用处，他们把经济学家称为“长发理论家”。这些豪放不羁的“实干家”认为，没人有资格教他们怎样做他们的生意，或者怎样展望他们的生意前景。他们宁愿自己创造自己的未来，——其中许多人也的确做到了！

商业巨头和政府要员对经济学家态度的转变，经济咨询机构的膨胀，杂志和“通信”上长篇大论的内部消息和统计数字，无不标志着一场大转变。这一转变的结果是，随便什么时候您都不难发现，从字面上看几乎同时存在几百种预测，或以文字方式出现，或者通过广播、电视传播。

看起来很奇怪，几乎每一次，这些预测和分析听起来总是如此相似，以至于您禁不住纳闷，是不是这些先生们事先聚集在一起，各人拿出自己的主张，经过相互迁就、妥协，最终达成了一致意见。

当这种情况发生时，他们的观念将对商业界和一般大众的思想发挥重大的影响。当一位商业人士拿起报纸或杂志，看到80位或200位经济学家异口同声地讲述可能出现什么情况，必定给他留下深刻的印象。

并不是说其中许多人的分析就是错误的，而是因为他们的影响力，使他们的预测可能被证明是错误的。也许他们对商业运作和商业计划（以及对大众）具有如此强大的影响力，以至于他们的预测不可能应验。如果您被通货膨胀即将加剧的判断说服，那么您在管理库存和银行贷款时所采取的策略，和您被引导到预期经济衰退时所采取的策略，是大不相同的。众口一词的预测，导致不约而同的行为，常常把钟摆向某一边推得过远——结果推翻了原先预计的变化“时机”和变化力度。正如超载往往使机器出毛病一样，经济上的超重（单向行为）也将导致经济体系的失灵。

因此，经济学家可能眼睁睁地看着他们公开发表的预言走向错误，但是如果他们把自己的预测藏而不漏，也许最终的结果将证明它们具有不凡的准确性。

问问“什么地方是对的？”而不是总问“什么地方错了？”

在我们讨论经济上或政治上刚刚冒头的一些问题时，所有人马上都会问，“什么地方错了？”您注意到这种倾向了吗？

随便就能想到很多这样的例子。

如果我们正在争论当前的普遍商业状况，肯定有人会问：“现在商业到底出了什么问题？”

或者，在谈起股票市场的时候：经纪商们每天都要一遍又一遍地念叨——“市场怎么了？”您从来没有听人问道，“市场哪儿是对头的？”

可是我敢断言，在您考虑经济走势等问题时，如果您问一问什么地方对头了，就会获得一个全新的视野。您的思路将拓展到不同的方向。什么时候尝试尝试吧——实际上，不妨养成习惯吧。这实在是一个值得大力推荐的逆向思考习惯。

对社会—经济问题的反面式研究方法已经成了一种固定不变的俗套。

用心理学家和医生的话来说，人们已经形成了一种“身心抑郁症”，或者说“凡事挑毛病”的习惯。无论提出什么问题——不论是关于内政的，还是关于外交的——您几乎总能马上听到诸如“这样行不通”、“那样不能成”之类的大合唱。说到这里，让我们想起了汽车时代之前的日子，当时亨利·福特（Henry Ford）以及其他打算发明不用马拉的车辆的人备受嘲笑。

这个话题让我想到了关于正面思考方法的一则有趣的故事，这个故事记述在《看好您的保证金》（Watch Your Margin）一书中。

有一天，一位精明的投资者乘坐一辆早期生产的双缸汽车，经过一场时速高达 15 英里的疾驰后，他便追问这个新奇玩意儿是靠什么驱动的。对方告诉他，它使用汽油，于是他马上买了一大捆洛克菲勒（Rockefeller）先生的认股权证。他知道标准石油公司的产品已经有销路了，可以经营下去；他还估计到，在最早上市的汽车中，将有一大批可能坏在路边。关于这些喝汽油的甲壳虫，他问自己什么地方对头——而不是担心什么地方不对劲——就这样，他就成了未来的大赢家。

依我之见，如果人们希望安然度过下个十年的风风雨雨，而不丧失平衡感——并且希望享受到生活中的种种满足——就必须贬抑我们有麻烦的地方，褒扬我们走运的地方。

如果对这样那样的问题开始探问“什么地方是对的？”我们将发现，我们已经实实在在地完全改变了思维方式。苍天作证，我们不可能从寻思如今的苛捐杂税中得到任何乐趣，但是就在不太久之前，您、我可能都曾经相信，任何事，甚至是叫人吃不消的税率，也比失去控制的通货膨胀强得多了。显然，我同意税率有时可能过重（从经济学观点来看，现在是太高了），但是如果学生把注意力集中到什么是正确的部分，也许就能够解决这个问题了。

大众心理学和竞选

哪位不妨采用1952年共和党总统候选人竞选提名的过程作素材，写一本关于大众心理学的书。这本书将包括如何在竞选过程中引导众人或误导众人的所有实用方略。

一名竞选人挥舞大锤以吸引和维持大家的注意力。另一名竞选人则通过暗示、想象、感染等手段发挥情绪上的吸引力来争夺地盘。

学过大众心理学的人都知道，一般投票人不太把注意力放到有关候选人或竞选纲领的基本事实上。他接受“他感觉到的东西”。暗示和感染的力量能够在他头脑中描绘出一幅生动的图像。

神秘性是一件无所不能的工具。“什么事都不必告诉他们，但什么事都许诺给他们，”竞选顾问对政治家们这样忠告道，“最重要的是，绝不要和选民们理论；大胆断言但绝不要解释；重申将为他们做什么，但是绝不要争论。”

上述迎合大众心理的各项方针帮助艾森豪威尔将军在1952年初取得了突破。他本人远在遥远的巴黎，于是把他树立为伟大的偶像就成了一件轻而易举的事。远离粗鲁、艰难的竞选现场，反而使他保持了魅力和诱惑力。他在国内的支持者们通过不停地鼓噪“领导能力”、“声望”、“只有艾克能赢”等主旋律，对大众情绪大下功夫。他们不争论，只顾拨动人们的心弦，迫使已故的塔夫脱（Taft）参议员陷入争夺人心的艰苦战斗。

那句愚蠢的标语，“我喜欢艾克”，显示出这场宣传战已经降低到小学生的水平。“我喜欢艾克，这就够了；你还想要什么？”这种手法残酷而简单，难以击败，并且具有高度的感染力。

与此同时，仅仅为了使自己维持在公众视野之内，塔夫脱就不得不持续奋战，他甚至不能有一刻的松懈。由于缺少新闻界的全力支持（事实上新闻界大多站在将军一边），他不得不亲自上阵争取支持者。对方宣称，“塔夫脱不可能赢”，这是一个泰山压顶般的口号，使他不得不投入战斗（还有什么东西比这更难对付的呢？多么狡诈而精明的一击）。

这就是当艾森豪威尔回国时的竞争局势。

如果艾森豪威尔获得了提名，他能不能赢得大选还是一个未知数。那时他就需要在竞技场上亮相了。公众将了解到，他并不像偶像那样完美无缺。众人的立场将分化，会对他的某些观点感到失望。当我动笔的时候，事情仍在进行过程中。如果将军遵循大众心理学的指引——少说话多许诺，并不断重复许诺——他最终可能击败史蒂文森，赢得大选。但是如果他开始争辩，求助于说理，那么精明的民主党人将盖过他一头。他们从不解释任何事，但是敢于允诺任何事（我这里所说的是新政时代的民主党）。这就是赢得大多数的秘诀（参见“大众烦恼症帮了艾森豪威尔的忙”一文，第 101 页，写作该文时正是大选前夕）。

经济心理学

作者之所以写这些唱反调的议论，是为了在经济心理学领域提出一孔之见，该领域在很大程度上尚未开发。举例来说，迄今我们还没有听到“经济心理学家”这样的说法。也有少数几位作者的确注重研究人类行为学及其对经济趋势的影响，不过，他们把自己称为社会学家、经济学家或心理学家。

无论如何，从近年发表的有关研究和论文来看——以及从联邦储备委员会委托进行的关于消费者购买意向和态度的调查活动来看——显然，经济心理学在最近若干年内将成为吸引各方人士认真研究的焦点。

在《经济行为的心理学分析》（The Psychological Analysis of Economic Behavior）[①]中，乔治·卡托纳（George Katona）教授肯定地说，在研究经济发展问题时，如果不考虑人们对经济状况的理解、不考虑人们的应对，就不足以全面理解经济的周期性波动。

当然，这一点正是贯穿本书讨论的主题。对我们来说，知道当前经济状况的统计结构——甚至也了解可能出现的统计前景是不够的。我们还需要其他更重要的东西，①要了解消费者和商业界对上述统计报告和未来展望的看法（以及他们的应对措施）；②然后，还要考虑与上述广为接受的观点相左的意见。

当我们研究了经济心理学这门新“科学”之后，也许就能理解一个重要的事实：此一时对人们发挥作用的因素，彼一时人们几乎毫无反应。

或者换一种说法，人们往往倾向于记住最近发生的相似经历，却忘记了更早的时候在同样的条件下曾经出现过的不同结局。因为在1920～1921年的战后期间曾经发生一场明白无误的经济萧条，所以当第二次世界大战结束

① McGraw-Hill Book Company，Inc. 1951.

时，人们持有相似的看法，普遍预期即将发生严重的经济衰退。然而，如果我们仔细回顾一下就会注意到，就在上次战后萧条和通货紧缩之前（即 1919 年），曾经发生过猛烈的景气扩张和通货膨胀，只是我们后来把这一段情节全然抛到了脑后。为了使资料更丰富，我们不妨进一步回想，1919 年的通货膨胀和经济繁荣曾经普遍出乎人们的意料，当时的情况与 1945 ～ 1946 年如出一辙，人们原本预计马上就要发生经济萧条的。

今天，又有人开始向我们兜售旧时代流传下来的经济秘方了。举个例子，有人宣称，永远不会再发生彻头彻尾的经济大萧条了。某些观察家无条件地宣称我们绝不会再次重蹈 1930 ～ 1933 年的覆辙。曾几何时，我们也听到过类似的宣称，不过当时论者所指的是其他事例，比如曾经有人宣称绝不会再出现另一个“1873 年”；或者“1893 年”的恐慌绝不会、永不会重演，等等。

如此看来，虽然我们不能预言未来，但是至少可以充满信心地说，随着我们越来越深入地了解经济趋势和经济周期以及推动与阻碍经济周期的动因，经济心理学将成为一门必不可少的研究课题。

回头看看

正当1952年大选之战如火如荼的时候，我一边看着沸沸扬扬的新闻一边心里寻思，如果回顾一下历史上另一场白热化的竞选，可能很有意思——那是1884年，对手分别是布莱恩（Blaine）和克利夫兰（Cleveland）。正如通常的情形一样，经济形势对大选具有强大的影响力。另外，当时在众人中间广泛流传着对共和党的“罪孽”的反感。腐败的形象牢牢地钉在该党身上，而布莱恩本人也没能逃脱人们的严厉责难。

在那个年头里，专门报道金融消息的新闻媒介不包括政治新闻。这事令人惊奇，我翻遍了1884年的52期《金融和商业编年史》，除了直到当年初秋的时候以外，再没有找到任何提到这场大选的地方。当时它的评论说，打赌布莱恩获胜的机会是五比四。后来就在大选前夕，该刊又报道说，取胜的机会转向了克利夫兰，也是五比四的胜算（后者最终以最微弱的差距赢得了大选）。

1884年这一年遭逢了一场惨烈的（但为时短暂的）的股市恐慌，商业景气日渐萧条，很多企业破产。格兰特和沃德经纪公司的破产就是一个臭名昭著的例子，一位前总统和联邦军队的英雄竟然也牵涉其中，虽然他是无辜的（正是起因于这件事，格兰特（Grant）将军撰写了著名的《个人回忆录》（Personal Memoirs），用稿酬支付由沃德（Ward）的欺诈行为招致的巨额债务）。

1884年从春季、夏季到秋季，悲观失望的情绪肆虐蔓延（给克利夫兰的竞选助了一臂之力）。不过，回过头来就我们能看出，这正是那场相对短暂的经济萧条的底部。随后，股票市场开始了一轮持久的爬升行情——虽然最初人们“感到怀疑”，而所有复苏过程的初期都要被怀疑——这轮行情中间虽有温和的回调过程，但是一直持续到1893年大萧条开始。工业生产和贸易活动也从不景气中恢复过来，商业好年景一直持续到 1893 年。以上交代了以前一场政治对抗赛的背景，当时大众情绪也颇不平静。

既然谈到了选举的话题，那我就要给您交代一下我关于相反意见理论和大选的想法：当您想到 1948 年的选举情况时，也许会过早地得出结论，以为在大选年采取逆向式的思维方式是一个不错的主意。

在绝大多数大选的较量中，要么双方势均力敌，人们的意见是平衡的；要么完全是一边倒的，这时一般的意见就是正确的了。举例来说，要是我们在 1928 年对胡佛胜出的机会采取“相反的”立场，或者在 1936 年对罗斯福取胜的可能性采取“相反的”选择，那就愚不可及了。

我认为，1948 年的大选是一个孤立的事例。当时民意测验家们大跌眼镜，一败涂地，我们不应把这一次选举看成“惯常的”政党选举格局。

向黄金的一次历史回归

近年来，相对于每况愈下的美元，人们对其他基础牢靠的钱财兴趣日益增加，因此如果我们上溯到合众国放弃黄金本位的时代——以及与此相反的另一次事件，即1879年重返金本位，就能丰富我们的资料。

1862年2月，第一批纸币“美钞”发行流通。我们抛弃了金本位，以“支付战争的费用”，并在以后的17年中一直没有回到金本位制。（自从联邦政府第二次脱离金本位以来，大约已经过去了20年了）。美元币值激烈地波动，按黄金价格计算，曾经一度下跌到33美分。直到1878年12月17日，美元才与黄金达到了平价——此时正是“恢复”金本位制的政令即将生效的两个星期之前。

随着正式恢复金本位的日子，1879年1月2日的临近，引起了人们普遍的担心。许多人预计将会发生“挤兑”黄金的风潮，人们将纷纷把美元纸币兑换成黄金，美元纸币会在银行柜台里堆积如山。

所有这些担心都是毫无根据的。和许多人或许多团体预料的正相反，政府在恢复金本位制的第一天实际上净收入了黄金。当老百姓发现他们随时可以换得黄金之后，他们竟然不再想要它了！下面这则报道引自1879年1月3日的《纽约论坛报》(New York Tribune)，它能给我们带来那个时代的“感觉”：

恢复使用美元硬币支付的办法昨天正式实施了。美国财政部的有关部门看来卸不下黄金这个包袱了，它的黄金进账比出账多了26.8万美元……举国上下以隆重的礼仪庆贺此一盛举，从政府机关到金融大楼纷纷张挂国旗。

1879年1月4日，星期六，《商业和金融编年史》发表评论说，这个国家已经“平静地过渡到一个崭新的商业格局”。

就这样，我们终于迎来了战时金融历史的终结（《编年史》进一步评论道）。此时此刻，再说发行这一批批的美元（指纸币）是不必要的，再说也许用不着付出如此惨重的代价就可以把这场战争打下来之类的话，是没有意义的。我们的兴趣全部集中到一点上：我们曾经发行过纸币，我们经受了纸币贬值的各种阶段——17 年持续不断的币值波动，经历所有这一切之后，今天我们重新将币值安全地锁定在一个固定标准上，使之在所有方面都受到普遍价值法则的约束……

接下来的烦恼是担心黄金持续流向欧洲，最终会把黄金储备消耗到令人怀疑能否维持自由兑换的地步。1879 年上半年，证券价格复苏，招致外国持有人抛售美国的证券，这就使黄金流向了海外。无论如何，一个偶然的机遇挽回了合众国的困境。当时美国的谷物收成达到了历史最高记录，而英国、法国、奥地利、德国以及俄国的谷物收成则是几年中最差的。我们输出的巨额谷物把欧洲从饥饿中挽救出来——与此同时，也使得黄金的流向掉转回来。这就确保了恢复金本位制的成功。随着物价的上升和人们信心的恢复，一般的商业活动也开始启动，并最终持续发展为一轮及时雨式的蓬勃经济繁荣。如此看来，从 1873 ～ 1978 年的长期萧条中复苏的过程着实得益于“黄金”的扶助。

历史上结果相反的事件

在学习逆向思考方法的过程中，回顾历史大有裨益。

举例来说，在下面这段话中，只要换一两个字眼（我们已经写在括号里了），读起来就好像是从当前的1952年大选年刚出版的商业杂志上摘录出来的一样：

乐观主义是市场的支配因素。这是一个属于乐观主义者的季节，正如二月是属于悲观主义者的季节一样；此外，眼下市场确实拥有许多有利的因素，不管是不是出于季节性的原因，反正乐观主义占据统治地位。除了庞大的战争（国防）订单之外，贷款利率低廉，银行系统稳固可靠，对所有的货物和商品都存在巨大的需求……

在大选年份中，几乎没有哪一年比现在更有利于证券市场。各企业多少总能获得一些利益，却什么也不会失去；因为人们现在对大企业采取了更支持的态度，这在一定程度上对它们有帮助。与此同时，即使税率方面有什么调整的话（为了国防计划和援外计划），至少在今后几年之内，对它们也没有什么损害……

以上文字摘录自约翰·穆迪（John Moody）的“金融市场评论”，发表在1916年11月的《穆迪氏杂志》（Moody's Magazine）上。

从相反的立场来看，如果我们注意到1916年11月股票市场已经出乎观察家们意料，形成了一个“战时市场”的高点，那才能掌握全面的情况。利润、收益以及商业景气都已经处于不同寻常的峰值水平。对于那个时代来说，盟军发出的订单已经达到了惊人的数额（这是一个美妙的时代：亿万美元从我们这里借出，然后又作为军火和战场设备的费用花销在这里）。

就在当年夏天，我们刚刚经历了一场相当平淡的政治竞选，对手分别是威尔逊（Wilson）和休斯（Hughes）。双方旗鼓相当。年纪较长的读者也许还记得在大选投票后第二天早晨，人们认为贾奇·休斯是赢家，但后来来自加利福尼亚的结果推翻了这一猜测，威尔逊再次当选。

虽然面临着战争带来的巨大商业机会和超额利润，但是股票市场竟然顽固地持续处于熊市趋势中，为时达 13 个月之久。美国于 1917 年 4 月宣战，但这并未阻止上述趋势，反而进一步增添了下跌的动力，特别在当年下半年。

1916 年里，人们一厢情愿地相信德国人将很快被打败，不时可以听到此起彼伏的和平序曲。人们把股市下跌归咎于停战的预期 —— 在市场已经经历了明显的下跌过程之后。实际上，市场从 1917 年 12 月开始向上反弹，这一上升过程一直持续到停战日（1918 年 11 月 11 日）。此后市场向下回挫了大约 10%，然后又开始起飞，最终酿成了 1919 年的牛市行情和热火朝天的通货膨胀，而这正是“所有人”都确信马上将要发生战后萧条的时候。

潮起潮落

逆向思考者深切关注所谓“社会潮流”、大众意见的“浪潮”以及大众歇斯底里症。人类的狂热本性注定了人群情绪的潮起潮落，并始终推动着它们的发展演化。

通过有关的书籍以及这本小册子前面的文章，您对大众狂热的历史往事已经很熟悉了。不过，请容许我把以下几本书搜集在一起向您推荐，其中既包括对人类狂热的史实记述，也包括透过大众狂热和“社会潮流”，分析从中折射出的大众心理学背景。这些书不全是公开出版物，但有几本应当能从图书馆里查到。

《关于异常的大众错觉和群体疯狂症的研究报告》，查尔斯·麦凯著（Memoirs of Extraordinary Popular Delusions and the Madness of Crowds，by Charles Mackay. Reprinted by Farrar，Straus & Cudahy，Inc.，N.Y.; available from Fraser Publishing Co.，Wells，Vt.）。

《乌合之众：大众心理研究》，古斯塔夫·勒·邦著（The Crowd –A study of the Popular Mind，by Gustave Le Bon. Available from Fraser Publishing Co.，Wells，Vt.）。

《和平与战争时期的群体本能》，威廉姆·特罗特著（Instincts of the Herd in Peace and War，by William Trotter）。

《效仿法则》，加布里埃尔·塔德著（The Laws of Imitation，by Gabriel Tarde. Scarce，but in some libraries）。

《经济行为的心理学分析》，乔治·卡托纳教授著（Psychological Analysis of Economic Behavior，by Professor George Katona. The McGraw-Hill

Book Company，Inc.）。

《为了永久和平而进行的永久战争》，哈里·埃尔默·巴恩斯博士编著，这是他与其他七位杰出作者的共同文集（Perpetual War for Perpetual Peace，edited by DR. Harry Elmer Barnes，The Caxton Printers，Ltd.，1953）。本书值得向逆向思考者推荐，它通过压倒性的证据、提供了完备的文件证明，淋漓尽致地刻画了现代宣传手段的强大力量。

当然，还有其他书籍值得推荐。上列头 4 本书已经包括大众狂热和大众心理学的基本知识。卡托纳的著作则从消费者的立场出发，分析了人类的经济行为（卡托纳教授曾为联邦储备委员会掌管消费者调查活动）。

毫无疑问，对于像我们这样具有逆向思考头脑的人来说，有“责任”（我该怎么说呢？）在“社会潮流”这样的问题上刨根究底，因为目前在我们这个国度，一波“国际主义”的社会风潮已经相当明显地席卷了大众的思想。因此，比起仅仅为了获得问题的正确答案来，我们这些少数派思想者更应当对问题本身给予更多的重视和研究——如果我们判断其他人正在被这“浪潮”卷走，也许应当对他们发挥一些影响。

学无止境

随着对相反意见理论的研究日益深入，我们发现在如何应用该理论这一点上，还有很多内容有待探索。

何时采取相反的立场？应当寻找何种强烈程度的普遍意见？如何评估大众意见？

诸如此类的问题始终摆在我们面前，上述只是其中一小部分。不过，依我看，我们也不必过于气馁，因为经济学的所有领域都还停留在“猜猜看”的地步。这些年来，在提高经济预测的准确性方面，几乎没有获得任何有益的进展。并且请注意，尽管现在我们已经拥有了卷帙浩繁的统计学研究成果，而且它们都是前辈预测者闻所未闻的，但是上述窘境依然没有改观。

我觉得，经济预测的漫长历史已经向我们清楚地昭示，我们忽视了“心理学”这一关键要素。也许您能够把全世界的统计数字一网打尽，但是仍然无从得知人们将在何时、以怎样的方式采取行动。如此看来，统计数字常常将您引入歧途。多年前，约翰·斯图尔特·米尔（John Stuart Mill）如是说：“危机其实不关钱包的事，而是头脑的事。”在过去有关经济的论著中，您只能偶尔看到某位作者将“形势的演变归因于人们变化不定的精神状态”，正如西奥多·巴·伯顿参议员在他 1902 年出版的煌煌巨著中所写（《金融危机和工商业萧条时期》），我在前面的文章中曾经引用过[①]。

说到伯顿的著作，不妨再从中摘录几个事例。这些事例说明了“相反的意见”在什么样的情况下可能相当管用。

---

① New York：D.Appleton and Company，Copyright 1902.

第一例发生于1825年7月，英国国王为国会新一轮会期揭幕发表的贺辞中（由钱塞勒爵士宣读）宣示，“普遍的、不断增长的繁荣……正继续向本王国的每一寸土地扩展。”当年12月，发生了一场金融危机——就在上述宣示的5个月之后。

1873年3月15日，伦敦《经济学人》（Economist）周刊对遍及整个欧洲的经济发展发表了一通热情洋溢的议论，并预言了一幅光明的前景。之后两个月不到——1873年5月9日——维也纳证券交易所关闭，“暴发了一场极为严重的危机，随后欧洲经济陷入了罕见的长期萧条中”（当年更晚些时候，美国1873年大危机和大萧条也开始了）。

1892年12月31日，R·G·邓恩公司出版的《每周贸易评论》（Weekly Review of Trade）写道:“今天，我们迎来了商业史有史以来最兴旺发达的一年，各方面征兆都明显指向有利的方向。”1893年5月，即5个月之后，长期萧条开始了，给人们留下了长期难以磨灭的痛苦回忆。

还可以继续列举类似的事例，但已经没有必要了。

请允许我们以伯顿的一段话来结束本文，这段话值得牢记在心：“危机和萧条在不同的国家几乎是同时暴发的：这些国家分别拥有各种主流的银行体系；分别实行君主政体或者共和政体；分别奉行自由贸易政策或者关税壁垒政策；有的国家仅仅发行和流通金属货币，有的国家则发行和流通不能与黄金自由兑换的纸币……它们分别实行了各种类别的经济规则，但是它们就像同一个国家的不同地区，前前后后发生了同样的危机。”

的确，我们还需要学习许多东西。

论预测不可预测者

相反意见理论的一个基本用途就是要防止我们对不可预测者做预测；或者换一种说法，就要避免被诱入注定错误的一般预测的陷阱。经过多年对相反意见理论专心致志的研究（并且把自己的思想记录下来），我认为，该理论的价值应该更多地体现在帮助我们在预测中避免犯错误，而不是运用它来作为主要的预测手段，这才是正确的态度。

请让我把您的注意力引向一篇特别有价值的文章，它刊登在大约一年前的《自由人》（Freeman）上。作者是L·艾伯特·哈恩（L. Albert Hahn）博士，一位名扬美国和欧洲的经济学家。文章标题是“预测不可预测者”。

哈恩博士回顾了近年来“错误”的预测案例（如预测战后萧条和通货紧缩，以及后来的通货膨胀将持续等等）。他评论说：“这类错误的出现很有规律性，这一点清晰地表明，不能将错误简单地归结到单纯的机会上。其中一定存在诸如‘有预测则必有错误’之类的某种法则在发挥作用。”他还评论道：

我们很少意识到，认为一定存在“科学的”商业预测手段的信念以及我们这个时代对预测的狂热追求，相对而言还是一种新现象。直到1930年以前，严肃的经济学家从来没有如此大胆过——或者说如此幼稚过——以致于自命有能耐计算出未来将要发生的繁荣和萧条。这种想法不符合他们关于自由经济运作过程的一般观念。他们认为，未来的经济情况基本上既取决于不可预测的价格——成本关系，也取决于同样不可预测的企业家们的心理反应。因此在他们看来，对未来商业景气的预测纯粹是江湖郎中的噱头，这种预测同其他某些预测的性质别无二致，比如说预言从今往后两年内国会将要通过什么法案，都属于无稽之谈。

根据哈恩博士的看法，现时代人们对预测的热衷（如果允许我插一句，我要说正是这一点确保了相反意见理论有用武之地），起源于“凯恩斯经济学”。

哈恩指出，整个方法（凯恩斯经济学）存在一个基本错误，因为该理论认为，在客观的经济学数据和主观的社会成员决策之间存在的因果关系是机械式的。然而，人就是人，不是自动化的机器……

预测经济未来，就意味着预测人们在投资和消费中的决策，而这些和人类总体的未来一样具有不确定性……

导致需求分布失当的原因——按照商业界的说法，是大部分企业家时而过于乐观，时而过于悲观；于是，他们要么把投资的摊子铺得太大，扩张得太快，要么投资过少、投入太迟缓……

最后，请允许我在这位头脑清晰的经济学家所发的辛辣评论后再补充一两句：**“人算的萧条是不会发生的。同样道理，人算的通胀也不会发生——就在最近这轮商品价格紧缩过程（1951 年）的前夕，人们对新一轮通货膨胀的预期曾经盛行一时。恰恰正在理论家们开始宣称我们的时代是一个永久通货膨胀时代的时刻，价格衰退已经准确无误地到来了……”**

“大众烦恼症”帮了艾森豪威尔的忙

（本文写于 1952 年 10 月，它揭示了相反意见理论在竞选活动中的应用，所以将它收录进来。）

眼下离大选投票日只剩几天了，也许我们应当再谈一谈在猜测大选结果时相反意见并无多大用处的问题。

我们马上便会想起 1948 年的大选，因为只有在 1948 年与大众意见相反才最有把握猜中结果。不过，作者认为 4 年前的这段历史只是“民间测验家意外受挫”的特例，而不是惯常现象。

一般说来，您将发现本国大选过程通常可以归结为两大类型：

(1) 一边倒式的比赛过程，比赛结果事先已经注定了。在这种情况下，如果和大众意见相反，那就注定猜错了。

(2) 双方旗鼓相当，猜测哪方胜出和掷硬币差不多，直到最后一刻结果才能见分晓；在这种情况下，不存在什么普遍观点，也就无从采取相反的立场。

例如，如果有人举出 1948 年的例子作为在大选中采取与大众意见相反立场的论据，那么您立即可以向他指出 1928 年的反例，当年胡佛当选完全符合大众意见的立场 —— 而那是正确的。

回到今年这场白热化的、唇枪舌剑的竞选活动上来，如果我们在 11 月 5 日结果揭晓之前心中同时存有两三种假定倒是挺有意思的，但是这不能算作对大选结果的预测。

今年秋天出现了一种盛行一时的做法，可以算“新情况” —— 或者说至少人们认为它是新的；的确，史上大多数大选过程中都没有“民意测验”之说，现在我们也只好假设这种情况是新的了。

我所说的新情况指的是根据民意调查的结果，很大比例的投票人“尚未拿定主意”。据估计，没有拿定主意的票数大约在总票数的1/4～1/3的范围内。

如果我们粗略地（也不太准确地）将即将投出的选票划分一下，大致是这样的格局：1/3 投向斯蒂文森，1/3 投向艾森豪威尔，还有 1/3“尚未作出决定”。（重复一下，这样的划分无疑是粗率的，不过，每一部分票数的偏差也许只有几个百分点。）

看来，也许还有一大批投票人正在两边摇摆，一会儿这边，一会儿那边。

根据大众心理学的研究，我们了解到，大众风潮频繁地发生在某些不可思议的时刻。为什么一大群人如同羊群般集体行事？这是人类本性中众多不可解之谜的一例。

无论如何，大众风潮是由情绪性动机促发的，而不是由理性思考造成的。“众人”受他们随众心情摆布，而没有经过他们各自的独立思考。

通过以上分析或许可以得出似乎说得通的推测，“没有拿定主意的群众”最终会转向同一个方向（或者一个合成的方向）。我的意思并不是说每个人都将照着他身边的人的样子行事；有些人将会根据冷静的分析（也许如此）来取舍。但是，绝大多数人也许在 1952 年 11 月 4 日最终轻率地选择同一个结果。

如果这样的情绪化风潮果然应验了，那么两位竞选人中有一位也许最终会以压倒性的优势胜出 —— 于是，在势均力敌的竞选中，原先的“大众意见”就这样变成了错误的预期。

作者一直认为，这次竞选民主党人在吸引大众情绪方面占据了全面优势；但是，艾森豪威尔将军则无疑拥有一个突出的机会来赢得那些三心二意的投票人的心：把焦点集中在朝鲜。

我想，艾森豪威尔在底特律的演说中“我应当到朝鲜前线去”已经透露出这样的意图。这场关于朝鲜问题的演说产生了电击一般的冲击效应，如果本周他继续采取跟进措施，则可能激发那些主意未决的群众转向一个方向（当然是朝着将军本人的 —— 不过，我觉得他在底特律的讲话中还存在明显的遗漏：没有提到麦克阿瑟）。

当人们说起“一边倒”的时候，可能指大众投票一边倒，也可能指投票团[1]在投票过程中一边倒。也许大众投票结果双方差距不超过数百万，但投票团的结果最终却是一边倒的。这就是主张未定的群众的集体动向可能带来出人意料结果的原因。

虽然如此，这样的群众风潮既可能倒向史蒂文森一边，也可能倒向艾森豪威尔一边。也许最终将对艾森豪威尔有利。不过依我看，如果选举结果真的算得上出人意料的话，那将是艾森豪威尔取得压倒性胜利的结局。

无论从人们的分析来看，还是从过往经验来看，似乎都是史蒂文森胜算更大，不过，从“众人举棋不定”的可能性来看，我们似乎不妨大胆设想将军的胜利。

① 在美国，由各州的选举团选举总统和副总统。各州选举团分别持有规定的票数。总统和副总统候选人各获得某一州之多数选民的投票，就获得了该州选举团的全部选票。所以选举团只是一种形式，只有当两党候选人所得的选举团票数相等或皆不足额时，选举团的选举才发生作用——译者注。

赚钱的智慧

美国的今天建筑在如下颠扑不破的公式之上：

赚钱的智慧 + 工程学天赋 = 持续的经济增长

假定在自由赚钱的问题上已经不存在任何阻碍了（希望如此），我们不妨简要讨论一下“赚钱的智慧”。当赚钱的智慧受到人为压抑和种种限制时，就妨碍了经济的持续增长。

您可以随意选择任何一个社区作为研究对象——既可以是小村庄，小城镇，也可以是大城市，乃至于中心大都市——到处可以发现，赚钱者总是极少数。造物主在赋予人类这种才能的时候是吝啬的，不过他也同样煞费苦心地使得不管在什么境遇的人群中，这种才能都一样地不足。这样一来，“经济增长”就能处处均匀了。

赚钱的智慧是一种精神禀赋。我个人坚信，这是一门极难学会的技艺。事实上，这种才能是与生俱来的。要么天生就有聚财的本性（我相信这一点），要么没有。

对那些天生具备赚钱才能的人来说，无论“行情”上涨、下跌，或是平稳，都没有什么两样。他们的头脑总能紧紧抓住赚钱获利的机会。就是说，他们拥有为自己创造机会的官能。他们也可能因为投机过度而丧失一切，但是很快就能卷土重来（直到岁月的沧桑最终磨钝了他们与金钱有关的精神特性为止）。

后天教育与赚钱的禀赋几乎毫无关系。您一定知道而且一定也读过数不清的成功人士的故事，从学校教育的角度来看，他们并没有接受什么高等教育，但他们却聚集了巨大的财富。(在19世纪后期不择手段地致富的美国资本家中，许多人都属于“没有受过教育”的类别。关于这些人，“自由主义者” 唠叨起来没完没了。)

当然，成千上万的没有这种禀赋的人也都挣过钱。少数有成就的发明家（不过，真正的富豪在他们的天性中总有一种赚钱怪才）以及才华非凡的专家属于这样的类别，他们的非凡技艺给他们带来了大量的许可费或薪酬收入。还有演艺人员，直到星光消退前，他们都能挣大钱。

赚钱能力上的平等，就像在其他事业或专业才能上的平等一样，超出了自然造化的范畴。所有种类的超凡才能都是极少数人的专利。古斯塔夫・勒・邦（Gustarele Ben）（在《大众心理学》中）说：“历史表明，我们在所有领域取得的进展都应当归功于那些精英分子。”后来他还提醒我们：“如果我们让自己过于沉缅于普遍平等的美梦，那么自己反倒可能成为这种态度的第一个牺牲者。紧随‘平等’而来的就是自甘落后……”

对很多人来说，一门心思都放在赚钱上的观点和行为是令人憎恶的。他们的人生兴趣在另外的许多方面。实际上，这正是我们人类的幸运，否则我们就不可能享受到从古及今那些伟大心灵给我们带来的丰硕果实——智慧、美，还有文化。

无论如何，即使单从提高经济水平的角度——以及全民福利的角度来看，我们也是幸运的——大自然给极少数人的头脑赋予了赚钱的本能。既然我们缺乏这种才能，那就拼力仿效吧！

为什么预测越来越对不上卯

预测、预报已经成为一种社会癖好。差不多所有的经济学家都被召集起来征询他们对未来的看法——许多人果然走上歧途，写文章、发演说，大谈“前景如何”。您可能已经领教了他们各种花样的说辞。

但是，我们必须始终牢记这样一个重要事实，某项预言越是广为接受，则现实越可能走形变样。

当您想到国会已经立法成立了官方预测机构，即总统经济顾问委员会，也许会说，“预测”这行当已蒙官方批准，得到了官方支持。该机构现在必须每年发布一次年度前景展望，而过去它发布的报告则更频繁。（显然，在艾森豪威尔总统治下，公开的预测将会大为减少。）

随着这样那样的“理论”你方唱罢我登场，预测科学已经历经若干发展阶段。您还记得不久前凯恩斯爵士和凯恩斯主义曾经是最热门的话题吗？如今人们似乎更倾向于数学方法，靠推拉计算尺来预测，计算的因素也类似于工程设计的方式。万变不离其宗的是：每个人都在锲而不舍地搜求未来之门的钥匙。

然而，似乎总是事与愿违，权威预测者的预言永远不可能应验，因为大众接受了他们的预测，反而导致了预测的落空。

如果您相信他们的预测，就会采取相应的措施来保护自己。如此一来，您就帮着推了一把，使这个预言越来越对不上卯。

只要人们对预言保持如今这种趋之若鹜的心态，并且这种预言满天飞的现状持续下去——这些预言经过报章和广播的一再重复而路人皆知——那么，相反意见理论作为辅助思考的工具，其重要性便与日俱增。我想我的这一结论是有扎实依据的。

革命需要长远的眼光

逆向思考方法的原则之一，就是要避免一厢情愿的想法以及先入为主的成见。

我觉得可以从这样一个结论来开始研究：人们仅仅为了摆脱各种形式的暴政而揭竿起义；如果可能招来更深重的压迫，人们就不会奋起反抗了。

其次，在人们受到某一政权奴役和虐待的持续时间，与使他们受到足够激发（并被组织起来）而奋起反抗所需的时间之间，似乎存在一定的关联。举例来说，我们的美国革命在波士顿茶叶事件（Boston Tea Party）、康科德镇和列克星敦镇抗暴事件之前，已经酝酿了多年。

从以上关联着眼，这里再次引用古斯塔夫·勒·邦的一段话，引自他的《革命的心理学》①。这段话是关于“真正”革命的时机问题的。“真正的革命，即那些最终改变了人民命运的社会变革，通常是经过一个非常缓慢的过程来完成的，以致于历史学家们很难确定其起点。如此看来，在这个问题上，“演变”这个术语远比“革命”用词恰当。

历史上曾经发生过无数政变，但究其实质从不超出某人或某集团争权夺利的私欲范畴。其中许多政变遽然而起、倏忽而灭，这不属于我们所讨论的那种性质的革命。

贸然推断俄国会有人企图发动突然政变，看起来实在没有什么可能性，因为那里有戒备森严的警察——还有——无孔不入的特务系统。

说到这里，关于“真正”的革命的问题，我认为必须牢记两项切中要害的关键因素：

① New York：G.P.Putman’s Sons，1913.

1. 我们必须记住这样一个事实，某个社会体系已经存在了一代人的时间；因此，其说教和信仰已经根深蒂固。

2. 在“仿效法则”一文中我们已经了解到，任何强大的社会风潮总是从少数人开始的，然后经过仿效和相互感染，大多数人追随其后。但是这些“领导者”必须采取引起精神性狂热的形式，才能保持后续者的动力。

以上两项因素都需要一定的时间才能取得教育民众、引导民众的功效。新信仰必须在人们心目中扎根生长，新信仰必须激起人们对当前社会体系的不满和不平。

相反意见理论取决于仿效和感染法则

作者打算再度提起加布里埃尔·塔德的《仿效法则》。如此重要的书在二手书店里都难以寻觅，实在太糟糕了。好在还有一些图书馆藏有此书。

在吉丁斯（Giddings）教授撰写的介绍塔德的前言中，他告诉我们，塔德洞见深刻的理论和创造性思想不仅来自于敏锐的观察，而且来自他“长期孤独和勤奋不懈的思索。”我们之中绝大多数人不能忍受超过半小时以上的孤独，我们的观念和想法往往纯粹反映和重复了他人灌输给我们的内容！（不用说，我们是效颦者。）

据吉丁斯介绍，塔德生来就是一位人类本性的研究者，他持之以恒地把兴趣倾注在“最古老的哲学问题——人类动机的解释”上。他认识到，人类动机不仅体现在所谓“信念”和“欲望”这两个概念上，而且可以加以度量。

实际上，仿效是一种强有力的动机（正如塔德所指出）。并且它和“相互感染”紧密地联系起来。古斯塔夫·勒·邦在他的几本书中都曾对此加以周详的研究。

相反意见理论是由上述仿效“法则”和感染“法则”所决定的。这就要求我们将这两种“社会观念”随时紧记在心，时常反思它们驱动群体行为的强大力量。

塔德坚决认为，就观念和行为的相互模仿来说，在所谓自愿和非出本愿之间，在有意和无意之间，并不存在逻辑上的“区分”。如果某人无意识地、非出本愿地反映了他人的观念，或者让他人的行为对自己起到了暗示作用，他便仿效了这种观念和行为；另一方面，也可能他是处心积虑地借用这种观念或仿照这种行为的，究其实质，两种情况的性质恰恰完全相同。

塔德还提醒我们，“事实上，存在有两种仿效他人的方式，也就是说，一种是严格仿照自己的榜样，亦步亦趋；另一种则完全反其道而行之……无论社会环境如何简单，如果没有他人的暗示，则什么都不能确定，不仅观念本身不能确定，而且这个观念的反面态度也不能确定。”说到这里，我们的脑海里马上就浮现出数不清的这类两面式社会争议的事例，有现在的，也有过去 20 年的。因此，当我们考虑重要的社会和经济问题时，就必须同时考虑到模仿的一边和完全**唱反调**的另一边。

无论如何，明确以下这一点是很重要的，所谓反其道而行之正是缘起于对“领头者”的直接仿效，只不过通过相反的形为表现出来而已。例如，在某个行业中形成了某种趋势，商业界普遍趋之若骛，但某劳工团体也许会选择与这一趋势截然相反的道路。然而，该劳工团体的“反其道而行之”，恰恰是领头者引起的。

“每一种正面的肯定，”塔德说，“一方面朝它这一边吸引了那些平庸的、羊群般的头脑，与此同时，也在这里或那里招来了天生具有逆反心理的头脑的反叛——针锋相对的反面态度。”

大众一致意见把我们引向何方

现代化使每个事物都变得如此“规模庞大”，我们禁不住要猜测，在牵涉范围极广的庞大事业中，在现代科技的巨大迷宫里，个人会不会迷失自己的方向。

如果众人（群体）越来越深地陷入彼此织成的罗网之中，也许您可以用“全体一律化”这个术语来描绘这个罗网，那么①今后的大众风潮会不会具有更猛烈的强度和更强大的凝聚力？②在越来越“规模庞大”的社会—经济事务中，独立主义者会不会越来越觉得难以坚持自己的立场？

以上问题自然成为自由主义者“思考的对象”。美国的国父们在设计政府框架时，不仅着眼于建立一个独立、自由的国家，而且着眼于个人独立、热爱自由、个人思想自由等崇高理想。

这个了不起的国家之所以在最初阶段就能快速地成长，是因为个人创业者们取得了艰苦卓绝的成就。他们是手脚麻利的建设者，他们是经济发展的先驱（我们当中的左派人士有时刻薄地称他们为“海盗”）。

事实上，他们的建设工作进展太快、太猛烈了，结果在下一阶段——在企业兼并的过程中，在把一家企业摞到另一家企业上面的叠罗汉式兼并过程中——湮没了个人的努力，培植了群体的成就，致使个人一律化而形成了群体格局。

今天我们也许应当问一问这个问题，当一家巨型联合企业的雇员被评审、升迁的时候，到底他算是一个公司人？还是算一名独立的个人？到底他维持了独立人格，还是变成了公司群体格局中的一分子？他是不是已经加盟了“群体思维”准则？说白了，他是否已经与公司一律？对于一名独立主义者来说，也许再也没有什么比陷身于现代化的、为一群人领导的、大规模的、集团型组织的泥淖中更令人泄气的了。这位不幸的仁兄应当果断地走出来，另谋自己满意的饭碗，哪怕为此需要抛弃和众人一律所带来的某种安全感也在所不惜。在他离开后，那家“公司”可以运转得更好，因为公司里庞大的生产装备本来就不是为了个人利益而开动的；另一方面，这位老兄之所以也能得到益处，因为他再也用不着为了公司的进步勉强凑上自己的一分子。大多数人在大伙一律时感到更高兴，所以他们就为“公司人”提供了源源不绝的来源。而特立独行的人总是少数派。

对于美国商业如此地发展，您不能“埋怨”任何人。简单地说，它就是这样一路走过来的。相对于个人的管理能力而言，商业组织已经太庞大了。我们已经进入了群体管理的时代。自然，众人一律化的格局也相伴而来。

然而，这里有一个相关的问题，我们这些逆向思考者需要仔细推敲下面这种想法：会不会因为众人一律格局的上述新发展，导致将来周期性社会风潮越来越猛烈（而不是越来越平和）？

相反意见理论与大众的幻觉和看法错误有关

现在我们来讨论一下将相反意见理论应用于特定的社会—政治幻觉以及大众持有的某些错误观念的情况。

我相信，在大众的头脑里，存在一些由于被人反复灌输而形成的重大谬误，逆向思考者有必要对此引起注意和加以批评。

我指的就是所谓“中间道路哲学”。该谬论的要害在于以下方面：奉行中间路线者有可能对美国的经济—生活方式构成危害，因为他们把人们引向某些社会—经济理论，这些理论只能借助左翼分子的方法和计划才能得以实行。

如果您愿意稍作思考的话，以下是基本的理由。中间路线哲学倡导让所有人都能够生活得更好……但是，这一理论也包括了（或者说肯定暗示了）这样的内容：如果经济体系出了毛病，那么政府有责任加以干预，使得经济机器重返平衡运行的正常秩序。

由此，中间路线者在关于“自由”社会—经济体系的功能方面，培育出了某种错误的看法和幻觉（也许他们是无意的，我宁愿这样设想）。这里我竭力想要说明的是：如果您使下面这些想法在众人心目中留下了深刻印象（他们既没有时间也没有爱好去研究社会—政治趋势），即您认为资本主义社会的商业活动、生产就业、价格的周期性波动可以被消灭，或者至少可以被调整到“平稳状态”（这是一句流行的中间路线用语），那么根据我的判断，您就是在误导大众。历史上没有任何证据显示这种目标是可以实现的，除了在独裁统治时期或者在战时实行严格配给控制的时期之外。

您不可能一方面控制或者管束供给和需求规律的作用，另一方面同时维持人们的行为自由，这自由正是美国私有企业制度的思想基础。

因此，当我们注意到某些著名经济学家发表这样的评论时，简直令人震惊，他们预言“即将打破经济周期”——他们还预言我们的经济体系正处于“试验阶段”。不仅如此，他们还明显地倒向了中间路线哲学，认为当经济出了什么问题时，政府必须尽快干预。

这正是逆向思考理论的用武之地。“留神您的谬误”（流行的看法和观念）。在您相信之前，对一切宣传都要持怀疑态度。

同时看到一个事物的两面

相反意见理论的一个目标是，通过采取与众人相反的立场而先人一步。这里所谓“先人一步”，词典的解释是，“在正是时候之前考虑到或提出来”。请注意，在“先人一步”和“预测”之间有一个重要区别。我把相反意见理论看成是对流行预测的一种矫正方法——通过朝相反的方向预期——而不是把它看成一种具体的预测方法。

例如，一家著名研究机构的行政主管给我写过一封信，来信对我很有裨益，本例就是受此信的启发而想到的——也许您能够预见两种（或更多种）趋势或事件中的一种——或者也可能您同时预计到这两种情况，正在观察事态进一步的发展，以从中抉择可能性更大的那种情况。

关于经济前景的问题，这几年一直摆在我们面前，不妨拿这个悬而未决的问题来做研究对象。

这个“二者必居其一”的问题大致是这样的：到底我们面临的是卷土重来的通货膨胀欢宴，还是一场景气萧条？

无论如何请注意，逆向式的先人一步意味着“在正是时候之前考虑到或提出来。”

曾经有人向我提出了一个与此相关的问题，当时正值经济繁荣时期，“如果您认为当前的经济复苏或繁荣还能持续下去，为什么要过早地谈论后面的经济衰退呢？”这是一个精彩而尖锐的质疑。

这一问题的答案取决于两项考虑因素：

(1)“时间因素”。

(2) 我们打算怎样理解所谓“心理因素”。

根据本人长期以来的观察，我们这些普通人一旦确立了一定的精神视野，想再转变观念，就需花费相当长时间。也就是说，如果我们内心已经认定趋势是朝着某个方向发展的，那么除非趋势已经长期、明显地转向相反方向，否则我们往往不会改变原有的观点。我知道，您一定一再亲眼目睹这样的现象。在我们习惯的做法中，通常仅作这样的设想：既然这儿的河流是平稳的，那么整条河流也一定是平稳的。如果我们选择一条与寻常相反的道路，力图先人一步预见当前趋势的改变，就更可能注意到前方即将出现旋涡或瀑布的种种迹向。应对突然的局势变化是困难的，尤其是当这种变化出乎我们意料的时候。想必您听到过华尔街上这么一种说法——“他看空看得太空、太久了；或者，他看多看得太多、太久了。”

关于另外一项因素——即时间因素——我们已经讨论过多次了，无需赘述，这里只想重复一点：准确预测经济趋势和事件发生的时机实际上是不可能的。因此，相反意见理论对于“先人一步”这件事是毫不犹豫、毫无愧色的。我们把精细的猜测工作留给别人。事实上，也许我该再补充一句，如果您不是“先人一步”，那么很可能就是太晚了。

预测是一门棘手的行当

商业前景预测从来没有像今天这样困难过，但是经商的人士为了制定有利的商业策略，依然不得不对前景进行评估。

今天的预测之所以更加困难，原因在于以下事实，这个国家现在既不是处在和平经济状态，也不是处在战时经济状态。在过去的战后年代形成的标准不能用来衡量当前复杂的经济状况。其复杂性来自以下方面：

1. 当今生产能力已经扩展到这样的程度，可以同时满足大众的需求和政府的需求（国防或战争需求）。怎样评估这种两维经济可能的走向，的确需要高超的猜测技艺，因为——

2. 政府可能对任何经济因素进行干预——既在可以预料的时机干预，也在出人意料的时机干预——这就完全改变了测量标尺的刻度。政府可能对货币和信用等进行干预，也可以减少或扩大军事订单，可以采取实际行动，也可以只发布声明来影响大众心态；还有其他许多方式。这类突然变化显然是不可预测的，因为它们取决于世界上发生的各类事件，取决于秘密会议上达成的协议，或者取决于大众心理引出的突发事件等。

尽管存在上述复杂因素，人们仍然长篇大论、没完没了地继续进行经济预测。

同样地，他们继续频繁出现这样那样的差错，难得准确一回！

因为政府在现代经济中扮演了一个重要角色，所以我们应当特别注意商业界的心理和大众心理的演化，并且这一点越来越重要（从作者的观点来看）。

相反意见理论就是评估商业界和大众心理态势的一种方法，据此我们可以分析各种“对立的意见”，也许能够从中检验出明显为大多数人采纳的观点。

这里向您推荐一本小书，它有助于您在商业预测中找到踏实的立足点；而且您在一个星期之内就能汲取该书的养分（只有12页，其中包括32张图表）。该书1954年初由《商业通讯》（Journal of Commerce）杂志社出版，系该社的杰出编辑H·E·利迪克（Luedicke）编著。书名是《怎样预测商业趋势——为管理人士撰写的专题报告》（How to Forecast Business Trends：A Special Report for Executives）。我建议您仔细阅读（我认为，几乎对于每一位追踪和预测商业趋势的人士来说，《商业通讯》都是必不可少的）。

到底它有什么用处

您也许会从本文的标题得出这样的印象，这位逆向思考的老资格大约要半夜跳河了。

实际情况几乎正相反，他宁可把一大堆无用的学问倒在河里。

在我家库房中堆积了大量旧书和资料，每次当我花费数小时来浏览这么多藏书和其他出版物的时候，总要条件反射般地寻思上面的念头。每次都忍不住想把这许多废物统统抛进萨克斯顿斯河，感觉做完这件事一定会精神振奋。不过，后来再用反向思考的方式想想，我发现，这堆积满灰尘和挂满蜘蛛网的故旧虽然没有价值兼且谬误连篇的旧物还是有一项好处的——这些文字老虽老，可当它们的作者挥笔时，写的都是有关论题的“最新结论”。我们最好留此存照，以提醒我们关于这些论题曾经出现过的种种谬论。

于是，我把它们统统保留下来，以保证自己不会轻易上当，竟然相信某人已经掌握了某种前后一致地准确预测社会—经济事务的密诀。

只要人类本性维持首尾不一、朝三暮四的——因而不可预测的——现状，那么，社会—经济趋势就会相应地维持不可预测的现状，免不了出现难以预料的变化。

事实上，我们所有人都有一个共同的缺点——容易把原因和结果混为一谈，并由此出差错。

如果浏览一下历史上曾经公开发表的各种意见——既看看景气喜人的年头，也看看景气低落的年头——您会看到下面这种情况一再重复，一定留下了深刻的印象：人们的意见大多是由当时盛行的局势催生出来的，人们总把一抬眼就能看到的之前发生的事件理所当然地视为现在事件的原因。人们几乎从不发掘事件发生的来龙去脉——可能导致未来变化的真正根由。

我们不知不觉受当前正在发生的事件影响。如果眼下经济繁荣，那么看多的、乐观的论点是最流行、最“可接受”的。如果当时普遍发生经济萧条，那么悲观主义和失望情绪最有传染性。

在一定的社会—经济形势下，政府干预行为（比如说，在当前这个时代，往往采取货币政策的干预手段）是由前一阶段的形势或前一阶段的调控失误（即前一阶段行为的结果）引起的。然而，人们经常把政府干预仅仅理解为孤立的当前事件，而忽视或不考虑政府干预的原由。

也许我可以断定，相反意见理论的主要价值就在于它迫使我们透过表面现象探求事物背后的根由。更进一步地，该理论能够始终提醒我们，当前情况正是即将发生的未来变化的先导。

也许有些老理论并不过时

我的床头书桌上总是摆些特别的书。有好几个星期，爱默生（Emerson）的散文集《生活的准则》始终陪伴在我身边。

我的自由派朋友们管我叫“老顽固”，我的确从旧书中获得了许多快乐和灵感，但也没有放弃读新书的乐趣。我承认自己是一个头脑现实的反时髦主义者，宁愿回到一些较老的、较靠得住的新政之前的社会—政治理论上去。不过我很清楚，我们不可能再回到那样的年代了。

也许您也愿意重温一下爱默生论“财富”的文章。爱默生，一位美国的贤哲，他断言，“与财富俱来的也有其自身的不利因素，从而保持了一定的平衡。”他接着说：

“……政治经济学的基准是（应当是）非干预性的。我们所发现的唯一可靠的规律，乃是供给和需求的自我调节机制。不要立法。不要人为干预。禁奢法律扯断了市场的肌腱。不要奖赏引导，建立平等的法律，确保百姓生命和财产安全，便无需发放救济。为有才干的人和贤明的人敞开机会的大门，人尽其才、充分施展，这样财富就不会落到卑劣者手中。在一个自由和公正的共同体内，财产从懒惰者、低能者手中迅速汇聚到勤勉、勇敢、持之以恒者手中。

自然法则通过商业活动而发挥作用……通过需求和供给的自我调节，人类社会的价值体系得以维持平衡，这项平衡不比海平面的平衡逊色。人为的调节和立法往往导致适得其反的后果——供应过剩、企业破产，因而自食其果……”

限于篇幅，不能作更多引述——不过，也许您会从自己的旧书堆中找出一本拉尔夫·沃尔多[①]的散文集，重温一遍，他还算不上老古董的！

读书常常引领我们重游思想的胜地：从上文所说的爱默生文集，到其他或新或旧的经济学大作，让我们有机会纵览观念和思想曲折演变的轨迹。

① 爱默生的全名为拉尔夫·沃尔多·爱默生（Ralph Waldo Emerson），爱默生是姓。这里作者为了亲切，只写了爱默生的名——译者。

“中庸主义”

——在经济学著作中

近来，在各种名词后面缀上“主义”的做法越来越时髦。我也依葫芦画瓢，抛出了本文标题。

不久前，《相反意见理论通讯》的一位未来订户给我们写来一封非常客气的信。他说，在试阅了两三期《通讯》后，觉得它“相当有趣，而且，在我看来，它的观点是不偏不倚的……”他又说：“但我更喜欢立场明确的文章；出于这样的原因，我现在还不打算订阅您的《通讯》。”

我打算把这份便笺用作相反意见理论的一个备注，因为我觉得它提出了关于经济学写作的一个重要问题，值得深思。

当我们针对一定的经济话题或经济趋势撰写评论时，要采取武断、明确的立场，那是件容易的事。评论者可以从经济学家或分析家那里搜集一堆议论，摘录出一份综合的结论，然后写出一篇率直的“评论”。

然而，在经济评论中武断的结论有一个严重的缺陷。实际上，需要考虑到两项缺陷。

1. 当作者撰写关于某阶段经济趋势的文章时，所遇到的情况经常是该趋势在当时是不可预测的。因此，明确的或武断的陈述仅仅是一种装扮成洞见未来的猜测。

2. 更有甚者，如果某种明确的说法普遍化了，那么很可能它最终会“自己击败自己”。

当我们力图得出结论时，常常抱怨所研究的对象是一团乱麻。不过，通常情况下，我们利用这种混乱状态作为自己不动脑子的借口。

相反，我认为这种混乱自有它的价值。

考虑一下不确定和混乱状态的反面，即武断主义。我敢说，从武断的意见中诞生的重大失误多于所谓“不偏不倚的考虑”。

如果您的思路是迷茫和不确定的，您会把整个事情放到自己思考的背景中，让它自己像万花筒一样地演变，直到问题的各个部分能够组合出明确的形状和含意，这时您就会发现不确定性已经逐步隐去。

结果是这样的，对于给定的问题，您从开始时左右为难，渐渐形成了一个深思熟虑的解决方案。

作者——其任务正是检验各种相左的观点——用以下方式来看待自己的写作责任：尽可能准确评估关于当前盛行趋势的综合评论……这是第一步……然后，反复推敲与其相反的可能性，并把这些可能性交代给读者，作为读者深思熟虑的对象，而不是给出某种武断结论。（归根结底，个人意见正确的可能性并不见得高于其他经济观察者，但是解剖其他观察者的看法，分析这些观点可能会在什么地方出错，却常常是大有裨益的。）

我宁愿把逆向思考方法看作“思想启动器”。如果您愿意，不妨设想一下，人们正围坐在圆桌边召开管理会议，讨论下一步的趋势和对策。假定有一位持相反立场的人不时地插入话题，询问这样的问题：“诸位有没有从这个角度来想一想这个问题？”或者——“先生们，假定你们读到的预测是错误的，到那时该采取什么应对措施？”这类反向的提醒可能极有价值。

我们不应该鲁莽地发表自己的观点，不假思索地信口提出没有充分依据的主张。如果您这样做，下一次会议您将不会再收到邀请！另一方面，以明确结论的方式来提出相反的观点常常是不可能的（如果您是真心诚意的话）。相反意见的性质属于“三思而后行”，以杜绝“不管三七二十一干了再说”。

做个有主见的人

大众心理学是一门引人入胜的学问。现在我们来考察一下大众情绪极端乐观和极端悲观的两种情况。您将看到人类本性中奇特的扭曲现象。

当经济事务一派繁荣时，“每个人”都很高兴、乐观，事业兴旺，关于经济形势的未来发展，没有人愿意听到什么令人泄气的话或者坏消息。人们希望享受自己的乐观。他们不愿意在自己的如意算盘上捂上一块潮乎乎的毯子。如果有人提出繁荣和乐观过了头，将引发调整性回落，他们就把这个人称为“唱衰的预言家”。人们礼貌地（或粗鲁地）叫他闭上乌鸦嘴。

这是人类本性这块硬币的一面。

在另外一种情况下，当经济步步衰退，“年头不景气”的时候，与上述相反的心理就在人群中大行其道了。这时，人们希望沉湎于自己的悲观。他们把那块湿毛毯裹得牢牢的。他们的心思陷入了一个圈子，使他们只相信所有的事情都不妙。更糟的是，他们预计这种情况看不到出头之日。

看来，这似乎是人类一种难移的本性，当人们汇聚为一个群体时，往往根据当前存在的明显趋势下结论，使自己的想法陷入一种套路中。

套路式的思维方式是一种惯常的习性。我曾经说过，逆向思考方法可以一言以蔽之地表述为：跳出他人的窠臼，信任自己的主张。当您思考问题时，要做个有主见的人。

关于思考问题要做有主见的人的观点，这里还有其他方面的考虑，值得一提：有主见，将使您在日常生活中更有满足感，思考问题时更放松。当意外事件或趋势逆转突如其来时，您不会有挫折感或者大吃一惊，因为您已经做好了心理准备。

有主见的人明了生活总是起起伏伏。当所有事物都在上升时，他认识到，前面必定存在所有事物都下降的阶段。

作为一个有主见的人，还应该进一步地了解到，就其程度、范围和持续时间而言，生活中的起伏是不可预测的。于是，他对所谓精确的“顶部”或“底部”并不在意——他并不试图估计确切的上升或下跌的幅度，因为他知道这方面不存在可靠的判断标准。

如果您愿意将这样的哲学落实到具体行动中，那么您将会未雨绸缪，在事物上升时就深思熟虑为事物由上升转为下降时准备应当采取的应对计划……反过来也一样。

关于社会——政治趋势的更多思索

正如您所知，我这位逆向思考者极重视社会——经济趋势。这些趋势不是静止不变的。政治的、社会的以及经济的趋势都是不断演化的。历史表明，在社会——政治一经济趋势中，既存在稳步增长的因素，也存在周期性波动的特点。

从这方面来说，之所以逆向思考者需要了解历史，是因为趋势转折发生于大众明显注意到这一事实之前；同时还因为，当社会——政治形势可能发生轮回或历史重演时，一般人（他们的记忆是短暂的）意识不到其中的“周期性”，很可能认为已经形成了某种“新”局势。

为了更形象一些，请允许我引用一些文字：“法兰西向何处去？欧洲向何处去？这正是此时此刻在每个头脑中都萦绕着的问题，而它的答案还未降临。”

这段话肯定也提示了今天的问题——不过，它是在30多年前写下的。原作者接下来写道：

是时候了吗，我们的领导者考虑担负起他们的责任了吗？他们之中绝大多数是多么能干的治国巧匠啊！他们抖开风帆，完美地固定好船舵，然后，听任海风驾驭我们航船，偶然性引领着他们，而彼岸永不可及。倘若他们摆脱每一刻的虚浮表面的偶发事件，把他们的目光投向广阔的空间和宏大的历史背景，他们就能找到自己的坐标，从而确定自己的航向。然而，当代人几乎从不曾为深入研究历史而花心思，这是一个瞬息万变的时代，这是一个只图眼前哪管未来的时代。的确，何其严重的局势！政府的职责本来就是前瞻未来的，甚至当它都拒绝抬眼看看前方的时候；当根基不牢的民主派人士限于自身政治素质，满足于不超过赢得下届大选的狭小视野的时候。

这段引文虽然偏长，却值得我们反复回味。这段文字出现在一本很有价值的著作中，著于 1924 ～ 1925 年，维京出版公司 1927 年出版，书名是《政治迷思和经济现实》（Political Myths and Economic Realities），作者法朗西·德莱斯（Francis Delaisi）。我引用这段文字的目的是要引出以下想法，今天的趋势受过去趋势的影响，先前的问题——如果未曾解决的话——也许会变本加厉地卷土重来，困扰今天的世界和那些政治人物。

上述一书的作者主张，人类社会的进步依赖于“三项基本力量：亘古不变的需要，不同的社会制度（即通过何种方式满足上述需要），以及在相应的社会制度和思想下大众所持的观念。”这三类基本因素始终处在不断的演变过程中，它们构成了作者所说的“驱动力量”，这股驱动力量有时与“惰性的力量”（比如人们反对变革）相左。有时候，驱动力量可能和大众感情相一致。

基本上，人们希望稳定和保险。但是，为了求得这种社会“满足”，他们可能屈从于导致不稳定和不安全的社会—政治的“迷思”和错觉。随后，人们就必须辛苦跋涉一番，走上重返正途的道路。

既要人性主义地思考，也要现实主义地思考

我被1950年出版的一册薄薄的小书深深吸引住了，我想您也会一样的。书名是《经济观念：历史背景研究》（Economic Ideas；A Study of Historical Perspectives），作者是费迪南德·茨威格(Ferdynand Zweig，普兰蒂斯—霍尔出版公司）。

在很大程度上茨威格的观点是从一位欧洲人的角度出发的，有一段时间他曾经担任克拉科大学政治经济学教授，更近些时候，他曾任教于曼彻斯特大学。不过，我认为当我们琢磨历史趋势及其沿革时，欧洲人的观点更符合我们的需要，因为社会观念和趋势的转折在欧洲的历史比我们这里要早得多，当然也因为我们的经济哲学历史不长。

也许您会对上述说法提出异议，如亚当·斯密创立的经济哲学，它一直指引着资本主义体系，直到新政时代为止；再如凯恩斯的学说（来自凯恩斯爵士有影响的文字以及他的巨著《就业、利息和货币通论》，General Theory of Employment，Interest and Money）。在茨威格的书中，有一个有趣的章节，对凯恩斯和约翰·劳的货币理论进行了比较。

从通盘比较来看，我们很有意思地注意到亚当·斯密（Adam Smith）出版他著名的《国富论》（Wealth of Nations）和杰弗逊（Jefferson）起草我们伟大的独立宣言是在同一年。

在美国，直到大萧条之后，您才会看到所谓“新社会主义”逐渐引起了这样大的兴趣。其实，这种左倾的偏向早在半个世纪之前就在欧洲和英国明显形成了（参见赫伯特·斯宾塞（Herbert Spencer）深刻的著作，《个人和国家》（The Man Versus the State），卡克斯出版公司重印，艾伯特·丁·诺克为此书撰写了前言）。正如诺克所说，斯宾塞描绘了“上个世纪下半叶，英国自

由主义者们全体倒向了国家主义哲学。”

现在有一些观察者声言，他们预料在全世界范围内（包括美国在内）将出现摆向保守主义的回潮，我这位逆向思考者不敢苟同他们的乐观判断。我敢冒险地说，我们这里原先保守的政党——共和党，在 1956 年的大选中甚至可能更加“自由化”，以吸引选票（本文写于 1956 年《总统咨文》和竞选宣告之前）。

刚才我已经偏离了本文的正题。开头我着重介绍了茨威格的一段评论，他埋怨经济文字的写作者们：“在研究人类活动的时候抛开了人们的心灵……”，他接着写道：“归根结底，经济学现在是、将来也始终是一门研究人的学问，在这门学问中，人具有致关重大的重要性，人具有各种美妙的可能性，人具有远大前程。除非将人的心灵作为一个组成部分包括进来，否则关于人的研究都不可能成功。”

如您所知，在本文作者的眼中，相反意见理论的益处正在于它是一种人性化的研究方法，而不仅仅是数据，而人性是一项无论何时都必须加以考虑的要素。关键是既要人性主义地思考，也要现实主义地思考。

兜圈子的思维方式

当您分析各种“意见”是如何萌生的时候，您会发现，它们一般都是在外界影响下产生的。思想的种子（粗枝大叶的想法），是由某种偶然事件或者外界宣传播种的，它们各自开花结果，形成形形色色的观念。这就是为什么大众意见往往倾向于追随“事件”的影响，而不是领先于“事件”的影响。我们常常看到，是事件激起了大众情绪，于是变化的形势和社会——经济方面的重大事件最终演化为大众广泛持有的意见。

粗枝大叶的思维方式也许可以和削苹果皮这件事联系起来：它不触及问题核心，仅仅削去“大家都这么想”的表皮。这种兜圈子的思考方法很少能有什么收获——除了盲目追随一阵子的情绪以及一时的流行看法以外。

举例来说，繁荣的经济形势派生出充满希望和高度乐观的“想法”。萧条的经济形势导致压抑的情绪和悲观主义的产生。

在经济景气时，人类本性中占支配地位的是贪婪、一厢情愿、易受感染、冲动、刚愎自用及如意算盘。我们还要再加上一条，轻信，因为在繁荣时期人们是轻信的。

当经济萧条暴发时，人类天性中的其他成分控制了人们的思想，比如恐惧、急躁、犹豫不决以及不信任和多疑。

无论如何，激发大众意见的两大发动机制——仿效和感染——是“连续”发生作用的。在大众意见的演化过程中它们始终发挥作用。

如果有人询问怎样避开削皮式的思维陷阱，他将得到如此答复（显而易见地）：“采取逆向思考方式。首先把转圈子的方向掉转过来，然后深入探究下去，达到更深的深度。”罗伯特·P·克劳福德（Robert P. Crawford）会告诫您，“做自己头脑的主人，学会质疑各种事物。”（《独立思考》（Think for Yourself）是克劳福德教授撰写的一本精彩著作——想来现在已经绝版。）

追随领头羊的思维方式的具体表现，可以从日常生活的各个方面观察到——在政治方面，在社会事务方面，在流行事物方面，在商业决策方面，在机会性的赌博游戏中，以及在市场上。

在经济事务上，或许您可以这样说：本当小心翼翼和深思熟虑的时候，“众人”反而最热情，最乐观；本当大胆进取的时候，“众人”反倒最胆怯。

“……还是不明白他的驱动机制是什么”

几年前，我曾经写过一篇关于预测中包含错误的负面评价文章。通过这篇文章，我回答了针对相反意见理论的一些问题……这些问题我们现在还能听到，比如说应当何时持有相反意见？应当在何种程度的总体意见的条件下“采取相反立场”？如何评估大众的一般意见等等……

当时我曾经交代，现在再重复一下，即使我们做不到总是把握住相反的观点，也不必过于泄气，因为经济学的全部领域依然属于“猜猜看”的性质。这些年来，在经济预测（或市场预测）问题上，几乎没有取得进展。

我过去和现在一直主张，“大众心理学”是一项被遗漏的工具，它也许可以帮助您把未来之窗撬开一道缝，让您窥视变动中的未来。

我一再大胆断言，即使您能够将世界上所有统计资料都搜罗到手，也依然不知道人们将怎样行事、或为什么如此这般地行事。

因此，当碰上下面这种情况时，您可以想见我有多么关心了：我拿起星期日的报纸，读到这样的文字，“一位顶尖心理学家对美国消费者进行了一番考察，承认自己仍然不明白到底什么是他的驱动机制。”

“人之作为消费者”，康奈尔大学的詹姆士·J·吉布森（James J. Gibson）教授说，“依然令当今心理学困惑。连最愚钝的消费者也可以暗地取笑最聪明的心理学家，因为他们自命对消费者购买行为了然于胸。”当您回想起感染和仿效是一对孪生的驱动因素时，以上问题已经得到了部分解答。这两类因素对“购买行为”的影响力超过了人们一般理解的水平。

这不仅仅是一个关系到钱包的问题，而是关系到人们的想法和情绪。

相反意见理论不会赋予您通天眼或者给您带来预见未来的能力。但是，您能够借之分析“盛行的意见”，考量它们是否可能“走向反面”。我们都知道，人们的意见受感染、仿效等因素的影响，而且这些习性始终发挥着作用——诸如贪婪、一厢情愿、恐惧、刚愎自用、嫉妒以及冲动等——结果，大众意见经常变卦。本来并未打算购买的人，突然摆起阔来。难道您在自己身上从没体验过类似经历吗？

再重复一下相反意见理论的大标语。当每个人想法都一样时，所有人可能都错了。无论如何，通过相反的方式切入问题，我们的理论承担了应付这一事实的任务：没有人了解美国消费者的驱动机制是什么。

“意见”的三种类型

——深思熟虑型、粗枝大叶型、情绪型

在考虑应用相反意见理论及其意义等问题时，确定大众观点在什么样的环境下产生是很关键的。

大众的意见随着思考成熟的程度以及情绪激烈的程度而不同。对某个问题的随口回答，也许会与情绪激动的群体酿起的意见直接对立。但是，思虑周详的想法可能与二者中任何一方都有相当大的差距。

在我最近收听到的一个采访节目中，我注意到一个属于不假思索类型的例子。主持人向一群德国学生询问关于西柏林生活的各种问题，以及他们对东部地区的看法，诸如此类。最后，主持人向这群学生提出了一个尖锐的问题：“你会不会为保卫西柏林而战？”该群体中有3～4人毫不迟疑地答道：“不。”他们大体都表达了同样的意思，“我们不会为捍卫柏林而卷入战争。”

这一主观的回答——也是张口就来的回答——仅仅反映了他们对战争的感受——恐惧和厌恶；这些情绪自从灾难深重的第二次世界大战以后就逐步在他们的意识中积聚起来。

战争的勇气来自高涨的情绪。这就是与本例的区别之处。政府不会心平气和地四处征询人们的意见，问他们是否愿意开仗。随着宣传机器的开动，“敌国”罪状纷纷出笼、步步升级，抗击入侵的呼喊铺天盖地，在人们的脑海中铸成了这样的图像：武装到牙齿的“帝国主义”分子就要掠夺他们的家园、毁灭他们的生命了。

换句话说，宣传机器被用来煽动大众对“敌人”的仇恨（这位敌人以前可能是世界商品市场上的友好交易伙伴）。当大众情绪越演越烈，达到高度激情后，他们就真的希望战争了，政府反倒可以把自己摆到另一个位置上，好像战争是民众强加于它的，是民众强烈要求战争的。

关于“深思熟虑型的意见”，已经无需过多讨论了，不过我有信心，您已经充分了解到，在深思熟虑和粗枝大叶之间，或者在它和纯粹反映群体恐惧和群体幻想的念头之间，存在多大的差距。个人也许会通过思索得出自己的结论，但是，群体却会被情绪化的观点引入歧途，而不是借助论证或推因及果的思辨来理性判断。

情绪型和粗枝大叶型的观点通过仿效和感染作用在众人中广泛传播。

大众意见是如何形成的

您曾经思考过大众意见是怎样形成的这个问题吗？显然，数以百万计的民众不会在某个星期天的早晨不约而同地坐下，突然同时达成同一意见。

大众意见的种子早已埋藏在人们头脑中，有了合适的阳光雨露就会破土而出。

不久前我曾经反复思考这个问题，当时《纽约时报》上的一则报道引起了我的注意。这篇报道发自伦敦，时间是麦克米伦（Macmillan）赴莫斯科访问的前夕。首相在一次发言中强调，他决不会姑息退让。著名的时报通讯记者德鲁·米德尔顿（Drew Middleton）对此作了如下的描绘：

> 据接近他的消息来源透露，麦克米伦先生之所以在全国青年保守党员大会的讲话中提及绥靖和退让的话头，意图在于回应美国和西欧的批评，以及引导英国的公众意见……

上文中的着重号是我加的。这篇报道支持这样的判断，即大众意见来自外界的灌输。在公开出版物上出现这样的评论，实在是难得一见。

我们当中谁也不能估计出在我们的阅读物中企图使我们形成某种观念的比例到底多么巨大。报纸和杂志（以及私人印发的各种“通信”）满载着各种观点和印象——有些是实事求是的，不少是引人误解的，很多是以讹传讹的甚或是以假乱真的。各式各样的宣传家日夜开动印刷机，目的是在我们头脑中制造各种观念和意见。一位在一家大型报业辛迪加工作的编辑曾经告诉我，在我们读到的新闻中，90% 是由专业宣传人士、公共关系专家以及影响大众意志的专家“炮制”出来的。这个数字无疑有些夸大，但是这种情况的严重程度远远超过读者所了解的水平。

说起炮制新闻的问题，我们也不可忽视政府机构的角色。在华盛顿、伦敦、巴黎和莫斯科，催生大众意见的工作一刻也没有停息过。

正如艾布拉姆·利普斯基（Abram Lipsky）博士在他的那本书名长长的精彩著作（《人是傀儡：控制大众意志的劝诱法是政府统治术的一部分》）中所揭示的："商界巨头和政界要人们的行当就是造就大众意见，有预谋地引导一国的思想。"

利普斯基博士的观点证实了我前面的讨论，他说，"众所周知，某人在谈话中听来的个人意见其实是公众意见炮制者们散发的复制品。"他进一步指出："关于公众事务，很少人有自己的见解"——这里也许我们可以加上一句，在经济和金融事务上，同样的道理也是成立的。绝大多数人从小道消息、道听途说、报纸专栏和广告，以及关于神话般的"庄家"正在做什么或打算做什么的流言蜚语中获得自己对股票市场的观点，也以同样的方式获得自己对金融—经济的观点。

就这样，意见形成并扩散开去，感染作用效果神速。不仅如此，由于群体意见很少具备可靠的根据，而且常常在错误的时机形成，因此我们发现，对于清晰而准确的思想来说，相反意见理论是不可或缺的利器。

一边阅读一边推敲就是逆向思考方式

有周密严谨的思维方式，也有散漫马虎的思维方式，正如既有严密的资金管理方式，也有粗枝大叶的资金管理方式一样。因此您可以说，其中存在精神差距，也存在金钱差距。

无论如何，我坚信，认真采取逆向思考和反复推敲的思维方法能在很大程度上弥补思考过程中的缺陷。实行逆向思考方法需要遵守一定的精神戒律——比如一边阅读一边推敲——不过，我可以肯定地说，对于那些已经下功夫掌握要领的人来说，这个过程仍然是快捷方便的。

依我之见，开放的头脑和有漏洞的头脑是有显著区别的。一个活跃而开放的头脑随时欢迎各种观念——不论正面的还是反面的——准备自己达成结论。开放的头脑不等于空洞平乏的头脑，但是，有漏洞的脑袋则在拿来他人的意见和观念后便安然入梦，不做进一步审视。

偶尔有人告诉我，我在自己的《通信》中表达的逆向式评论不够明确。

这个问题提出了关于逆向思考方法的一个要点，我们曾经讨论过，但是值得重复。强迫自己得出明确、具体的结论，比我能想到的其他任何东西更有可能导致错上加错的猜测和预测。这种现象招来了这样的嘲讽：“常常错在错误上，绝不错在怀疑上。”

作者和经济学界以及华尔街打交道、对之进行观察已经有超过30年的历史了，我的主张是，绝对、明确、武断的做法大约是一个人所能染上的最有害的习惯了。

如果您对某个问题持有绝对的或武断的立场，显然不可能再从相反的角度反复思考。难道不是这样的吗？仔细想想。

逆向思考方法的价值正在于其反面。它能防止我们成为武断的人；防止我们在本属臆测的事务上持有绝对态度；当我们阅读时，同时对作者或评论者的意图进行斟酌推敲；最后，迫使我们得出自己的结论，而不是机械接受他人的意见（如果不这样做，则可能犯错误）。

我相信，之所以“投资顾问行业”多年的纪录都不如人意，主要原因在于顾问性刊物的作者受到来自客户需求的压力，不得不变得明确、武断、大胆。如果您有兴趣检验上述断言的可靠性，不妨回顾一下1959年10月号的《财富》杂志，读一读这篇文章，“股票市场信札：增长的格局” 。该杂志让自己充当起批评其他那些事实证明错误的通信的角色，但是无疑它忘记了《财富》杂志本身也曾备受猜测错误折磨的往事。这种毛病的根源在于，①经济、金融领域的作者总是怀有一种有害的冲动去预测——充当预言家。一旦中了这种毒，那就很难有效祛除了！②另一方面，读者的错误也是半斤八两，他们总是期望某人能够准确地、首尾一贯地预言经济或市场的趋势。

相反意见理论和“三段论”法则

可能这么做有点过火，不过，我希望尽力为相反意见理论提出一个合乎逻辑的基础。

逆向思考方法可以划分为三个部分，也许我们可以说它遵循了逻辑学的三段论原则。不过，您可以把它称为“综合法”而不是逻辑学的“演绎法”。

我们打算从哲学家那里而不是从逻辑学家那里寻找我们的“公式”。

我认为，虽然德国哲学家约翰·戈特里布·费希特（Johann Gottlieb Fichte，1762 ～ 1814）被誉为正命题、逆命题、综命题三段论法则的创始人，但是，是黑格尔（Hegal）把这一理论发展为“永恒思想”的哲学体系的。请允许我从《大英百科全书》（第 11 版）“黑格尔”条目中给您一个解释：“每一条真理，每一件现实，都具备三个方面或三个阶段；都是由两个相反的因素或相反的方面组成的统一体，这两个方面不仅如同黑与白那样是相反的，而且就像相同和不同那样是相互矛盾的；第一步对两者进行初步确认和联合，第二步进行否定和区分，第三步最终地统一起来。”

将正命题、逆命题、综命题的三段论公式应用到相反意见理论上，您就可以建立大致如下所示的三个阶段：

A. 大众意见（盛行的命题）。

B. 相反的或存疑的分析（逆命题）。

C. 您得出的结论（或者说普遍观点与相反观点的综命题）。

逆向思考的艺术

关于逆向思考方法的应用，我研究得越多，就越认识到这样的问题：我并没有始终给予综命题这一步骤足够的重视。

我的意思是这样的：我们不应该径直确定其反面（即从大众意见直接达到相反的意见），而是需要考虑到由大众意见及其相反的意见两部分组成的综命题（两方面的综合）。也就是说，并不是大众意见的每种成分都是错误的，或者都是时机不对的，而是其中某些组成部分或某些方面是错误的。

我推想，我们的思考过程大致应当按照以下顺序展开：首先从大众意见出发，得到与其相反的意见（或者从肯定到否定），然后通过正反两方面观念再综合出一个深思熟虑的结论，或综命题。通过这样的方式，就可以避免把污水和孩子一起倒掉，对大众意见进行逆向分析时避免错过其中的合理成分。

顺便说一句，从长远未来看，会不会出现共产主义和资本主义（逆命题）和平共处的综命题，即所谓“你中有我，我中有你”的情况呢？我们是不是会继续朝向社会主义化的资本主义转变，而共产主义也朝着某种形式的资本主义化的社会主义偏移呢？

“社会压力常常导致众人一律”

在著名研究机构亚瑟·D·利特尔公司出版的一期《工业新闻简报》(Industrial Bulletin)上，提到了最近的一些试验。该《简报》的一篇文章评论道，“社会压力常常导致众人一律；个人决定受到外部因素的影响。不同的人在不同场合分别将这种外部因素称为环境、群体压力或宣传。”

也许在读者当中有些人曾见到一份报告，是所罗门·E·阿施（Solomon E. Asch）博士发表在《科学美国人》杂志上的，其中介绍了上文所说的试验。

阿施博士的目的是要评测相反的群体意见能在多大程度上导致个人修改自己的判断。“简要地说，这些实验研究了‘一致意见的形成机制’”（顺便交代一下，这也是最近出版的一本书的标题，编者是爱德华·伯奈斯（Edward Bernays）。在这本书中，采用相反意见理论作为例子来说明“反向策略”）。

实验是这样安排的：（以下均属引用）7～9位年轻人凭目测比较分别画在两张白色大卡片上的垂直黑线的长度。一张卡片上是标准线；另一张卡片上则绘制了3条直线，其中有一条与标准线等长。

在最初的比较过程中，大家的意见是一致的。然后，其中有一人（他就是本实验的受试验者）发现他的意见与本组其他人都不一致，这些人是预先安排好故意给出错误答案的。下一步的直线比较实验评估了受试验者抵制群体意见压力的能力。

经过对自己的“感官证据”和群体意见的权衡，受试验者必须公开表达自己的意见，当面反对大多数人的意见。大多数人的立场常常（有意地）是错误的；在每个实验系列中共尝试18次，其中12次大多数人给出的是错误答案。

简短地归纳一下，普通的受试者都在实验中丧失了自信。其实在正常情况下，他判断错误的可能性低于1%，但是他倒向了大多数人的立场，在群体压力的作用下，在他的选择结果中错误率达到了36.8%。当然，这份报告交代，这里也有相当多的偏差，“大约有1/4的受试者从未丧失其判断的独立性，反过来，有些人从来不能突破群体的约束。”

这是一个关于“众人一律”的有趣实验，它倾向于证实相反意见理论的实用价值，只需我们掌握更多的知识更好地应用这门学问。

动　　量

关于“**动量**”的话题足以构成一篇令人满意的文章，而且可能在您的脑海中激发出一连串的新观念。

读者中许多人无疑会从机械方面的意义上来理解“动量”这个词，在辞典上，也许会对之做出这样的解释：运动中的物体具有的一种运动力量，总是与物体质量和运动速度的乘积成正比；动量的大小表明了移动中的物体维持自身运动的力量或能量；下落的物体动量逐渐增大。

我们所关心的正是由于大众心理的影响促进或阻滞经济动量的情形，我担心，如果我们过深地卷入机械工程学的领域，那将难以自拔。

心理学上有一则通例，称为韦伯定律，沃尔特·皮特金（Walter Pitkin）天才地将它定义为“心理效用递减法则”。简述如下：

1. 可以这么说，为了使得刺激因素发挥效用的动量呈算术级数增长，则刺激因素的强度必须按照几何级数增长。

2. 为了保持动量（效用强度）不变，则刺激因素必须持续增强。

更进一步地，“刺激因素”可能产生反作用：也许令人厌烦了、使人困倦了、惹人恼怒了、变得不合时宜了、丧失功效了等等。于是随着刺激强度的下降，动量就会衰减。

如果您满足于认为人们对资金和信用的运用是经济生活最主要的驱动力量（驱动即动机：激发人们行动的思想或感觉）……我要说的是，如果您认为这样的驱动力量已经足够满意，那么我们肯定可以将贯穿于各种经济事件序列中的“动量”理解为一种状态指标，必须持续跟踪。举例来说，货币管理当局力图控制信贷扩张和货币供应的动量，以限制和减缓商业周期带来的大幅波动。（银行存款运营的动量一般称为“存贷周转率”，而商品周转率——即销售额与库存的比率——则称为“销售动量”。无论在经济学的哪一个领域，都会遇上“动量”这个概念，不是吗？经济学不是静态的；它是一种动态的“系统”。）

卡尔·斯奈德，人们长期公认的联邦储备银行纽约分行的杰出人物，在他那本精彩的《资本主义：创造者》一书中，直白地写出了“经济学中的动量因素和惰性因素。”他曾经为美国科学进展协会作过题为“经济学中动量和惰性的概念”的演讲。正如斯奈德所提示，“在与货币和价格、利润和进步有关的问题上，以及其他许多富有争议的问题上”，都存在一定的“驱动机制”，不停地发挥作用。美国成长的动量是我们一项珍贵的传统，这个过程很少中断过。

关于从逆向思维方式达到创造性思维方式的进一步讨论

不久前，我收到来自芝加哥的朱丝·科根（Zuce Kogan）先生的一封信。早在数年以前，他就既有兴趣又有胆量地创建了一家创造性思维学院。该学院主要致力于解决工业界的疑难问题，同时他还出版了许多专题论文和著作。

在科根先生的来信中，提出了一项令所有逆向思考者都有兴趣的主张。据他介绍，他们曾经对自己的窍门重新进行了检讨。（他们采用“窍门”这个词来描述他们解决问题的方法。）

当我重新分析在我们的办法中已经使用到的各种窍门后，我发现，它们全都是基于“相反的”或“对立的”的基础之上……需要从逆向思考达到创造性思维的目的，并且实际上在所有已经建立起来的窍门中都包含了这样的内在特性，这听起来或许有些特别。不过，当我们认识到，正是跟着他人的思路导致了模仿，即盲目仿效他人仅需要最少的创造性思维，那么上述这一点就不证自明了。

当然，这是一个好消息，其他人也强调了我们长期以来已经在相反意见理论中领受到的内在价值（长期以来，我一直努力建设这一理论）。所以，让我再为您引用一段科根先生的论点：

因此（这是他对创造性思维的进一步探讨），推论的结果是，为了获得任何创造性，就不得不有所变动。从这一点来看，以下看法是经得起理性推敲的，即最适宜于培养创造性的方法，一定是具有最大限度改变的方法……

而最大限度的改变则一定与相反的情况接近。

科根先生在他口授的经反复思考的心得中又向前迈了一步：

有人也许会问，为什么我们需要建立这些“窍门”？为什么我们的全部目的就是要做出某种改变，或者从极端的意义上说就是要采取相反的做法呢？答案是，仅仅知道需要做出某种改变是不够的，我们还必须知道怎样做出这样的改变，或者怎样实行相反的手段。我们的窍门有助于在可能的解决方案中揭示相反的或矛盾的内在特性。它们界定了当前状况。换言之，“窍门”将创造性思维过程分解为更多易于消化的小块。

动机和潮流

根据大众心理学的研究以及我们从塔德的《仿效法则》中所了解的内容，所谓动机问题乃是一个“最古老的哲学问题。”动机萌生于“信念”、“欲望”和“恐惧”（以及其他相似的人类特性）。通过人们相互模仿和感染，动机能够迅速地传播开来：从个人而至群体，从群体而至全国。

今天，关于群体行为的研究读起来似乎还是新鲜事，该研究强调“动机调查”（这样的研究方法已经扩散到“消费者偏好”问题，以及其他许多商业和广告分析的问题了）。不过，您会察觉到这类“发现”其实在更早时代的经济哲学家那里就已经有过讨论，其中包括本瑟姆（Bentham）、考诺特（Cournot）、门格（Menger）、沃尔拉斯（Walras）、杰文斯（Jevons），特别是加布里奥·塔德。

在我们的相反意见理论中，也面临着同样的问题。塔德主张动机有可能被度量，但是在研究“大众意见”（它们是从动机中派生出来的潮起潮落）的过程中，我发现对大众意见一致程度的估量充其量只能是投机性的估计或猜测。不过，定量化的估计显然是必要的。

当我们需要强调或考虑相反的观点或条件时，衡量特定的意见为大众所接受的程度——广泛传播和普遍接受的情况——是很重要的（即使我们不得不进行推测）。

我们发现，将特定群体意见的普遍程度估计得过了头或估计不足的情况并不少见。

尽管存在上述缺陷，我确信任何人哪怕只要检讨少数几例被后来的岁月证明是错误的离奇预测和大众意见（不论是战争时期的还是和平时期的，金融领域的或是政治领域的），他都会赞同，当时与它们相反的思考是大有裨益的，也是有利于增进我们智慧的。

保护自己不被“深度操纵者”控制

前文提到，加布里奥·塔德曾追根究底研究动机问题，也提到现代研究的趋势正转向这个领域。我打算与您稍作讨论的正是这个趋势。

在分析“大众意见”的过程中，宣传是一项要突出考虑的因素，我认为很显然，宣传媒介经过娴熟老练的策划，**操纵着大众意见**。我们在其他文章中曾经提到各种研究报告，比如有一篇题为“群体思维”，刊登在《财富》杂志上，它对“众人一律”和“公司人”进行了评论——这篇文章谈到这样一本书——《操纵众人意愿》。

我们正耳闻目睹对人们“思想和愿望的操纵”，并将越来越多地亲身感受这样的操纵。深思这一现象，几乎令人不寒而粟。我毫不犹豫地断言，逆向思考理论为我们提供了保护，保护我们不受深度操纵者的控制……我要再三强调其必要性。

请允许我为您介绍一门能够唤起我们“潜藏”愿望的现代科学，既然有“潜藏”之说，那么“深度”这个词自然越来越常用——在激励机制理论（Motivation Research，简称为 M.R.）的实行者中，三句话不离本术语。当公共关系专家和广告专家施展解数，诱使我们买下他们兜售的东西（无论推销的是产品、信念、意见，还是选票）时，确实深挖到了“我们的知觉层次以下”（虽然我们并未看见，但他们仍能打动我们的潜意识）。不妨称他们为“隐身说客”吧，有位作者很有意思，这是他为自己一本重要著作选择的题目。

万斯·帕卡德（Vance Packard）的著作《隐身说客》透露了所有的秘密。我强烈建议您读一读此书。据帕卡德先生说来，以下就是那些深度操纵者对你我的一般看法：“典型而言，在他们眼中，我们是一群做着白日梦、心里埋藏迷糊渴望、患有内疚综合症、非理性的情绪化的耳目闭塞的人。我们浮于表面，冲动行事，又患有强迫症。我们那些似乎毫无意义的怪癖令他们气恼，但是我们对他们用来激发我们行动的符号越来越驯顺，又令他们开心……”简言之，“激励机制研究（M.R.）力图了解在人们进行选择时什么因素起到激发作用”，这里借用的是一位芝加哥操此业者的原话。

当您得知我们最大的广告商已经投向M.R.这门科学之后，您不得不承认，正如帕卡德所说，“这些深度操纵者……开始拥有一种说服的权势”，保证他们可以正当地占有我们的注意力。这本书证明，在我们思考、阅读和行事的过程中，采用“逆向思考方法”是适当的。请务必读一读这本书。（举个例子，该书向您显示了操纵者为了维持某种永葆信心的大众意见准备了何其乐观的宣传。“一点儿通货膨胀”，听起来多惬意！）

大众催眠术

如果我们说有可能存在“大众催眠术”这样的事情时，也许听起来有些夸大其辞。但是，历史上的确曾经发生过很多次看起来“众人”受到催眠的情形。

如果您将催眠术或催眠状态理解为真正诱使人们的身体进入睡眠状态，而他们的潜意识仍然对催眠师发出的暗示或指令做出反应，那么大众当然不可能被催眠。然而，大众歇斯底里症能够由、也常常由煽动者的蛊惑和煽动所造成。一大群民众呼应此类领头者的行为模式肯定与真正的催眠术相似。

勒·邦是一位长期公认的研究群体行为的权威，他写道，这样的领头者当初也常常是被催眠者中的一员，对此他作了如下解释：

他（领头者）已经被某种观念催眠，而且从此成为这种观念的传道者。这种观念已经把他的身心占领到这样的程度，除此之外的每一种事物都从他的视野中消失了，并且任何一种与之相异的意见，在他看来都是错误的或是迷信的。罗伯斯庇尔（Robespierre）的例子正好说明了这一点，他对卢梭的哲学着了魔，并且不惜借严刑峻法来推行之。

在更近一些的历史上，只要提起希特勒，就无需再提其他臭名昭著的例子了。这位早年在街头张贴海报的混混儿，将群众置于自己的股掌之上若干年。当您回顾历史时，一定觉得这看起来难以置信，但是当希特勒盛极一时、大权在握的时候，正是一位不可思议的“催眠大师”，这一切曾经多么真实啊。希特勒完全符合勒·邦为成功的氓众领袖所下的定义：“他们尤其擅长于从那些充满了病态神经质的、易激动的、半疯狂人员的社会阶层中招募追随者，这些人正接近疯狂的边缘。无论他们信奉的观念有多么荒唐，无论他们追求的目标是多么虚妄，但是他们的信念竟然如此地顽固，以致于从他们身上找不到一丁点理性了……”

我认为，对时髦潮流的盲目追从大致也属于大众催眠术的作用。否则，为什么千百万人差不多在一夜之间共同接受了某种风行一时的怪念头呢？就拿那些在普雷斯利音乐会上尖声叫喊的年轻人来说吧，作为某种常规，女孩们打扮得都一样，男孩们也打扮得都一样。您或许会将时尚的转变更多地归结为相互模仿和感染的情况，不过从同一种意义上我们也可以说，群众都受到了催眠。

也有一些经济信念（或幻觉）是通过大众催眠术的形式为人们所接受的。借助武断的结论，再加上一遍遍的重复，众人们被引向某种信念——即接受某些观点。一遍又一遍地向他们灌输，既不要解释，也不要证据。功夫到了，众人就会相信你告诉他们的东西。关于经济稳定的各种没有根据的观点和错误概念，之所以最终几乎为所有人一致“视为当然”，正是通过这样的途径形成的。我们该不该接受催眠去相信所谓盛世呢？

……还是那个问题：“在市场上大众是否总是错误的？”

只要对相反意见理论展开讨论，这个问题就不断被提出来。很自然，应该提出这样的问题，因为关于如何轻而易举地赚钱的话题是一种长盛不衰的消遣。不过，这当然是一个谬论。

也许再没有哪项事业比在股票市场上弄潮更为困难了。在那些力图走通这条“轻而易举致富之路”的人中，只有极少数最终成功了。击败他们的是一桩关乎人类天性的小事。①只有极少数人拥有赚钱的天赋（依我看，这一禀赋是与生俱来的；如果您在出世时没有，最好把这事忘了吧！我相信人们要么具备“赚钱的头脑”，要么根本没有）；②此外，在这条快乐的致富道路上，各种人类天性都是拦路虎，不但没有帮助反而有所妨碍，比如一些情绪性的缺点，如恐惧、一厢情愿、贪婪、如意算盘，等等。

从以上列举的诸项中您可以看出，为什么大众在股票市场上如此频繁地站在错误的一边。无论如何，也许我们可以用以下这段文字来相当贴切地回答本文标题提出的问题：

当我们极有把握指望“众人”会正确时，结果发现他们是错误的。这样的说法颇有一点挖苦意味；更严肃点的回答是，在趋势尽头，大众是错误的，但是平均说来，在趋势过程中，大众是正确的。

您会发现大众助长并“推动”趋势（上升趋势或下降趋势）——当股票市场正在上涨时，大众比股票市场处于长期熊市时更为活跃。当价格持续下滑后，大众很快就会失去热情。于是，我们发现当价格下滑加深时，大众的抛出行为经常会增加；直到最后，市场接近底部，“所有希望都已破灭”，于是大众将他们的股票倾囊抛出——此时，恰恰正是他们应当大捡便宜货的时候。

根据这一点，也许我们会提出一种采取相反立场的简单行为模式，可能使获利更容易一些。

无论如何，我们不得不面对人类天性中上述特点，它们实在是顽固的故意捣乱者！其中最麻烦的，当数缺乏耐心，实际上正因为这种天性，人们不可能在股市游戏中取胜。

了解和度量大众意见的难题

在与相反意见理论有关的问题中，没有哪个比本文标题提出的更难解决了：①怎样知道当前盛行的大众意见是什么；②怎样评估它流行的程度和意见的强度。

许多念头曾经浮现在我脑海中，多年来也一直有朋友向我提出各种建议，但是我仍然发现，自己是通过大量翻阅和查找报纸、杂志，以及许许多多的简报和通信来评估大众意见的。

显然，这不是科学的手段，正如一位书信往来的朋友所指出，也许会频繁地导致“精神性镜面反射”的现象。就是说，某人可能错误地把自己看成少数派，相应夸大与自己相反的观点。换句话说，他也许因为自己的成见而误入歧途，故意夸大多数人的观点，为自己找根据。

但是我推想，对于任何“思考系统”（如果可以斗胆采用这种表述方式）来说，以下说法都是成立的：如果某人企图将该种系统应用于自己的评论、论述以及结论，那么他就必须克制自己的想法。另一方面，我们也不得不认识到我们的精神缺陷，并且在采用任何思考方法的过程中为之留有余地。在我的个例中，我明白自己不得不通盘了解各种想法和观念，并将它们都记在心里（不用说，肯定时常错漏一些与主题有关的因果关系，因为我的思想过程缺少足够深度）。

综上所述，如果您采用扫描各种意见的方法，就不得不总是自问：到底这是不是真正的一般观点？或者是不是只是我自己的一种综合看法，是哪面“镜子”诱导自己误以为它们属于“众人”的？

通过阅读来获得“意见”的缺点是，著名的商界人士所说的，可能是他们但愿属于自己想法的东西——他们所说的甚至可能和他们的真正想法不相容；倒不是说那些商界管理者有意把众人引入歧途，但是在他们心目中，面对媒体的最高策略，就是尽量给人留下好印象（您还能将更多陈词滥调挤进一个句子吗？）。因此，您在调查时不得不预留余地——这一切都相当不科学，并且带有猜测的成分——然而，到底哪里有更好的解决方案呢？

众人精神一致化法则

在小石城种族隔离事件中，“众人行为主义”的表现惹人注目，可谓臭名昭著。从小石城草率行事的灾祸中，多种人群情绪集中爆发，从破口大骂到群伙暴力，再到在小团体内自我夸耀等——充分体现了众人精神一致化法则。

正如我们从大众心理学著作所了解，一伙“众人”具有与个人不同的特性。在众人中，个性已经迷失，共同形成了某种集体意识。勒·邦（在其《众人——对流行意识的剖析》中）写道，聚集在一起的人们就这样变成了“一群有组织的众人……构成了一个单一的实体，受到众人精神一致化法则的制约。”

无庸赘述，还需要某种由头的刺激，才能促使这一伙众人形成合一的目标，他们的群体才能进入该项“法则”统辖的范围。从心理学角度上看，成千上万人聚集在一起，并不一定变成一伙“众人”。勒·邦进一步解释道：“一伙众人受外界刺激因素的摆布，并随着刺激因素的变化而不断做出反应。它是它所接受的刺激因素的奴隶。”

就像我们在小石城事件中看到的，在起初引起争执或冲突的导火线中，所包含的情绪性成分越高，则这伙众人受刺激的程度越高，激动、兴奋、狂躁，甚至达到暴怒的程度。

显然，在种族问题之外，我们还想象不出哪一个题目更有煽动性，特别是当解决问题的办法是通过司法途径来实现的，而不是将想法不同的人聚到一起讨论，力求达成某种可能的共同点。勒·邦在这一点上也曾告诫我们，他说，“观念、情绪和习俗不应当通过修订法律条文来重新塑造。”

我们在小石城可悲地目睹了我在前文所说的“一场草率行事的灾祸”。依我看，这场情绪性的众人冲突，是由于那些人要么对众人行为主义一无所知，要么不计后果地轻率决定动用暴力而引起的。换句话说，我们看到了个人像一伙众人一样冲动行事；或者也许可以说，双方的领头者都分别同各自一边的众人精神一致化了。我没有看出州长或总统是心平气和地采取行动的，也没有看出他们具有处理此类爆炸性问题应有的高瞻远瞩的眼光。

如果逆向深思熟虑的“规律”得到了公认，那么小石城事件也许不会激化到后来实际发生的地步。在相互感染的火上浇油作用之外，还有那些评论和社论，它们本无必要在一场冲突中偏袒任何一边，其中许多文章纯属情绪性渲泄。对坚持逆向思考的作法有利的一点是，在所有的重要问题上，它强迫我们深思熟虑，可以在事先防止轻举妄动。

相反意见理论并非一种预测体系，而是力求结论成熟的思考方法

关于相反意见理论的缘由和起因，我不想用太多的额外讨论厌烦您，不过我的确希望澄清其中一两个方面，因为：

该理论具有一些实用的特色，在应用中的确发挥作用，并且它作为一种“思想激发器”给我们提供了相当不错的应用前景。

然而，其他人在写到或提及相反意见理论时（最近这样的现象相当频繁了），在大部分情况下对它的解释都是不正确的（在我看来）。

就在前几天，与我相当熟稔的一位作者这样评论道，在每一轮周期演变过程中，仅有两个时机需要遵循相反意见——接近顶部和接近底部时。匆匆读过去，这话听来没什么不妥，但问题是，如果某人能够知道何时处在顶部和底部，便用不着费心考虑任何经济理论了！

正因为没人能够精确地预测周期的顶部和底部，无论是股票市场的周期，还是任何其他社会事物的周期，相反意见理论都有用武之地！

这里要重复一下本文的标题：相反意见理论并非一种预测体系，而是力求得出成熟结论的思考方法。

如果以为可以每隔数月或数年采用一次相反意见理论，恰巧当时突然转向“相反”的一边，得到许多精彩的结论，这样的想法是站不住脚的。您必须随时深思熟虑，努力得出自己的结论。

之所以走这条“相反的途径”，目的就是要对给定的问题思考周全，或者由此找到一种新颖的、与众不同的解决方案。

我想，我曾经反复强调的一点是经得起推敲的，逆向思考方法迫使我们

深思熟虑，防止轻率决策。

根据我的长期经验，我所主张的逆向思考的观念——当我们试图抉择行动方向时——一定必须持之以恒地加以应用，最终才会被证明是行得通的。

仅当我们持之以恒地实行逆向思考方法，它才能成为一种具备实用价值、带来回报的良好习惯。当您对目前一连串事件感到困惑不解时，您不可能像魔术师那样将成熟的答案从帽子里拽出来，也不能指望逆向思考方法成为水晶球。如果您果真是这么做的，我敢打赌，到头来您会发现，当时被您一时冲动地看作是相反的观点实际上却是大多数人的观点，只是当时您受自己观点的影响下意识地将之理解成相反的观点而已。

相反意见本身并不是预测，但它的确能够对他人的各种预测进行核查！

正如我在前面曾经反复论证，相反意见对过度泛滥的预测行为是一剂特效清凉药。

“凭什么您以为您会思考？”

随着卫星和火箭飞升到宇宙空间——超出常人的理解力——您一定开始推想我们美国人是不是已经把问题想透了。我肯定自己还没有，您呢？

相反意见理论显然属于一种思考方法。市面上已经有数不清关于“如何思考”的书籍。我自己甚至也自命不凡地撰写了这么一本:《逆向思考的艺术》。是的，我在如何思考的问题上花费了很多心思，并且我诚心地相信，培养更多的思考习惯，减少“人云亦云”现象在全民之中都是必不可少的。您了解我的意思，当某些问题出现时，人们之间盛行的习惯说法是，“他们说如此，如此。”

在艾恩·兰德（Ayn Rand）精彩的新著《被漠视的图表集》（Atlas Shrugged）中，她让一位角色给自己大声朗读“凭什么您以为您会思考？”这位虚构的科学家读道，“思维是一种原始的迷信行为。理性是一种不着边际的念头。关于我们有能力思考的幼稚概念一直是人类代价最大的失误……”诸如此类，他的头脑被这些空想的社会改良家和福利社会的吹鼓手忽悠得失去了知觉。该书还有其他对话和对话体文字，真是字字珠玑。不要错过这本重要著作。

当我读到关于现代教育的研究报告时，常常忍不住寻思，为什么学校不着手培养学生的思考习惯。“逆向思考方法”甚至可能成为一门令人兴奋的科目！

举例来说，某人可以在“谬论”的领域里调查一番。关于货币经济学以及股票市场的各种说法中的谬论，已经出版了一些值得注意的小册子和专著。斯图亚特·蔡斯（Stuart Chase）写出了一本《直截了当思维方式指南》（Guides to Straight Thinking），其中包含13种类型的“主要的谬论或者错误推理的 13 种类型”，这本书值得您花时间一读。您在《大英百科全书》中也可以找到类似的材料（但是，压根有谁想过读一读《大英百科全书》呢？）

让我们充当逆反者：不再否认我们的命运终究取决于太空竞赛

您也许不会因为进入火箭时代，就认为需要逼迫改变自己的生活方式（虽然在投资事务上您必须如此），但是您一定会有另一种紧迫感，即促使他人看到，当面对摆在我们面前的不可知的未来时，“变得更明智些”是多么必要。

自从苏联的人造卫星飞上太空后，美国的报纸杂志上充斥了关于美国的学校教育缺陷和俄国的惊人进展的议论，想必您也曾向您的朋友提出过同样的问题。在不久前一次晚餐会上，来宾中有两位是中学管理人员，我向他们询问，大概还需多长时间才能改变现状，让我们的学校教育迎头赶上当今的科学时代。

哎，先生，在我听到为这个具体问题给出任何答案之前，饭桌周围首先响起了一阵含糊的絮叨，其中对我的贬责差点让我钻到桌子下面去！“难道我们愿意为了潜艇和火箭而放弃我们的文化吗？”……诸如此类，没完没了。最后，在一个短暂的空档中，我又问，“各位的意思是，在这张桌边，没有人对俄国的武力感到恐惧，没有人承认俄国也许会趁我们陶醉于先进文化胜过对方落后思想之时战胜我们？”用不着再告诉您他们都对我还说了些什么了，我简直变成了一个可怜的唱反调的傻瓜。

相反意见理论的出发点之一，是要求我们对一般大众（即“众人”）了解甚少乃至一无所知的问题或事情加以特别的关注。在这一点上，我们曾经再三强调研究“货币”问题，因为能够对货币经济学及其对经济趋势的影响有所了解的人实在少而又少。

在上面的例子中，我们强调了熟悉“科学事务”的迫切性。您用不着知道火箭制造的原理就能明白它可以携带炸弹。无论如何，您需要知道其他人已经研究出如何制造比我们更大型的火箭——而且他们对怎样使用这些火箭也许并不像我们这么谨慎在意。

从历史可以了解到，由于战争或防御的原因驱动的工业化发展，确实能比常规过程缩短若干年（想一想，第一次世界大战期间人类在大规模生产方面的大进步，以及第二次世界大战期间飞机产量的大跃进）。我认为，目前这一现象十分明显，因为受太空竞赛你追我赶的刺激，经济增长、衰退或停滞的“周期曲线”将出现惊人的改变……依我之见，如果不是由于公众压力而形成了政府津贴下的超额雇工和工资政策，那么早在多年之前，铁路系统就已经合并为全国性的了，经济力量导致更多的合并。铁路公司必须应对下降的政府补偿和上涨的经营成本；不过，出于安全和生存的原因，也必须维持它们的运作……让我们来猜一猜下一起“令人震惊”的变化：某一天也许我们将看到零息的政府债券。在与俄国竞争的压力以及生存问题的共同鞭策下，我们在取得科技进展的同时，随着时间的推移，无疑还会引起额外的货币紊乱现象；发行零息政府债券（用大白话来说，就是印刷的纸单据）的呼声将越来越喧嚣……让我们充当逆反者，不再否认我们的命运终究取决于太空竞赛。

资本主义的基本要素：获利能力

最近几年，当人们忙于讨论通货膨胀以及争先恐后地采取预防通胀的措施时，却遗忘了资本主义企业精神的一项基本要素。这一现象颇为引人注目。

在资本主义社会中，资产和个人的获利能力是取得成功的基本要素。

我之所以敢于就这个主题专门写一篇文章，是因为它同样也是通货膨胀问题的基础，这一点和许多人持有的态度可能正相反。

就拿通常人们认为属于规避通货膨胀风险手段的房屋出租业来说（指住宅和公寓），人们常常根据将来可以用更便宜的美元来偿付抵押货款的理论，最大限度地将之抵押货款、扩张房产。

这说起来简单，但是其中却有一个陷阱。

在快速通货膨胀期间，存在各种偶发事件可能推翻上述整个“完美”的保值计划。租金收入上涨的步伐不可能快得足以维持在房屋维护和修缮成本涨势的前头；物业价格将下跌而不是上涨，因为其收益（获利能力）在萎缩。于是，除了通货膨胀引起的损失之外，还有其他损失。抵押债务由于同样的原因而变得沉重：较低的获利能力（因为您首先必须赚到那些便宜的美元，它们不会仅仅因为通货膨胀就自动冒出来）。在真正的通货膨胀环境下，政府为了限制通胀速度，必定介入市场，手忙脚乱地给租金水平设置上限，以保护那些“小人物”以及靠固定收入维生的人。另外，随着货币贬值的深化，“国家”急于收进更多的货币，于是，税赋也变成一项可怕的负担。

在那些对通货膨胀略知一二的人中，普通股是一种流行的保值工具（但是仅有极少数的年轻人相对熟悉如何在通胀期间投机股票市场的投资原则，其他绝大多数人并不掌握购买股票的技巧）。

许多股票被证实是糟糕的保值工具，因为在通货膨胀期间，它们的获利能力下降了。许多公司在快速通货膨胀中倒闭了。您不能拿一根大头针扎在报纸的金融版面上，然后说，“我就靠这只股票来保值了。”法国和德国两国的通货膨胀历史都表明很难采用本国股票作为保值手段。我们最好记住，在快速通货膨胀的环境下，或者在持久性的通胀环境下，赢得利润是一件极为艰难的任务。

商品构成良好的保值工具，但是有多少人准备充分可以持有商品呢？……也许关键的一点已经交代清楚了：如果要成功地抵御由于货币贬值遭致的损失，获利能力（无论就资产还是对个人来说）是十分重要的。举例来说，从未来的吸引力以及获利潜力上判断，土地是优异的保值工具（如果可以自由拥有、没有任何其他纠葛的干扰、并且不受不公平估价的制约）。

现代自由思想者一定得是逆向思考者

在如今的杂志上，没有多少文章值得一位自由思想者剪而藏之。在我看来，时下绝大部分评论要么左倾色彩浓厚，要么辩护色彩浓厚。我所说的后者的意思是，那些文章开头写的是明显右倾的最有力的词句，但在行文中常常越来越淡化，最终几乎变成辩护式的语调了。

您可以想象到，当我捧读伊迪丝·汉密尔顿（Edith Hamilton）小姐激动人心的“往昔的教训”时，享受到多么巨大的阅读乐趣。该文刊载于1958年9月27日的《星期日晚报》上。

只需从中引用一段话，就能将这篇文章的要旨传达给您，不过也许我最好首先提醒您，已故的汉密尔顿小姐是一位研究希腊和罗马文明方面的作者，她曾写过几本书，包括《希腊的道路》和《罗马的道路》（每册仅售50美分，平装本）。

当她写作此文时已届91岁（是的，91岁）高龄，她写的几句话，也许还来得及促使我们及时清醒过来，不至于错过最后时机。她说，“有能力让自己沉浸于思考的世界中——就是让自己受教育”。汉密尔顿小姐强调，雅典人的教育方法并不是以大规模生产的模式来安排的。结果，雅典的教育没有导致众人统统本能地奔向一个方向、成为与他人一律者。回到苏格拉底时代的希腊，那里有无数的反向思考者。如果苏格拉底在今天的街角拦住行人，向他们发问的话，您不难想像出他会得到什么样的一些答案。不过，还是回到我希望您剪下来的那段话，您不妨将它夹在皮夹子里，在晚餐的桌边给大家传阅。以下是引自汉密尔顿小姐的文字：

现在的年轻一代也许必须面对比我们曾经遭遇过的更艰巨的挑战。他们已经处在原子时代，就在这样的时刻，我们竟然放弃了对希腊人和罗马人如何在野蛮世界取得辉煌优势地位的研究，这样的现象合理吗？而在这样的研究中，本来应当包括如此辉煌的成功究竟是如何没落的，松懈和软弱的毛病怎样最终征服了他们、并将他们引向毁灭的。他们要自由，要安全感，要舒适的生活，到头来，他们得到的远远超过了这些：他们失去了一切——安全、舒适和自由。

在上面这段话之后，她向我们提问："难道这不也是对我们的挑战吗？"

经济学外推法中的谬误

（外推法：假定研究对象具有连续性或对应性，根据在已有研究的领域或范围内的观察，推论在未有研究的领域或范围的情形——韦氏《新大学辞典》。）

我发现，在博学的、专业的经济学家中，“外推法”这个词变得越来越流行了，因此我想也许我们可以从相反意见理论的角度来讨论一下这个问题。（本文开头给出了该词的定义，是为了许多读者朋友的方便。我与诸位一样，当碰上听起来有几分专业的词语，总要翻查一下辞典。）

请允许我首先声明，统计学的外推法与经济学的不同，具有实际的益处，也已被广泛应用。（例如，您可以很实用地通过某种代表类似时期的平均数值来预测相应的“未来”情况，如出生率。）

我应该说，当问题涉及人的因素时，就必须考虑何时应当相信外推法、何时不应当相信外推法的区分。也就是说，当人们必须对某事进行取舍定夺时，外推法具有局限性——与之形成对照的是在许多或多或少带有规则节律的现象上，外推法更适用。我认为，当某人根据对“众人行为”过去的观察，或者似乎正在进行中的观察来进行外推时，他便已经踏入冒险猜测的境地。

无数预测（我愿意断言，预测之中的大多数），在很大程度上是把当前发生的情况投射到未来的。人们预期今天的趋势明天仍将持续，并且持续到下一个星期。

我相信，当您停下来认识到以下这一点时，那么，这一事实就变得明显了：在经济预测中依赖外推法，差之毫厘失之千里。

逆向思考的艺术

在任何特定时刻发生的事件，也许正是带来某种全然不同的转变、引起我们赖以外推的现有趋势逆转的起因。显然，从商业周期的更迭之中，我们一再目睹这样的现象：一轮繁荣带来一轮萧条（或者说过去如此！）以及次要的往复变化。

促使我写下这篇文字的缘由是一封来信，这是一所较大的中西部大学的工商管理学院的教授写来的。我曾经写信告诉他，还算年轻的人在总体上对相反意见理论并无太大兴趣。他就此回复道，"当然，基本说来年轻人是乐观的……喜欢将现在的快乐外推到未来。他们还没有准备好如何面对下坡路，因为他们把社会视为他们自己的扩展。"（这一意见来自一位天天和年轻的经济学和工商管理学生打交道的人，多有意思的看法！感谢 S 博士。）

关于上述问题，还有许多内容值得我们反复思考，不是吗？仅就一件事来说，成千上万的年轻管理者从未亲身经历全方位的大萧条。

怎样有利可图地展望未来

我琢磨，当我们瞻望未来时，之所以不够准确而无利可图，其原委是可以说清楚的。不仅如此，依我看可能还存在某种补救的办法。

本文附录了一张简明的示意图，借助它，我现在向您尽可能清楚地说明一下关于前瞻性思考方法的尼尔氏体系！它不保留著作权。您有充分的权利去运用它，前提是，您应该知道作者对您应用的结果不作任何担保！

现在就来交代这个体系的要点。

您将赞同，在通常的前瞻方法中都要假定现在发生的情形很可能以同样方式持续下去，难道不是这样的吗？

这样的做法称为“外推法”，我们在前一篇文章中已经提到——如此看来，一句 50% 对 50% 的猜测，如果我们能够正确理解的话，也要比外推法有价值得多！

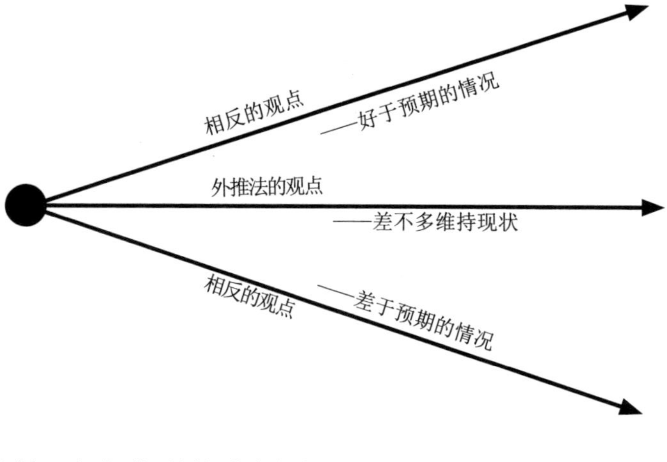

用非技术性语言来说，外推法意指根据当前存在的状况推算未来的状况。（或者请看前文的定义。）

本体系需要依序采取三个步骤：

首先确定外推法的结果（例如，如果当前股票市场的趋势向上，则结论是，它将继续上升）。

其次，考虑我们所能想到的，与市场趋势和现在一样持续发展的观点相冲突的、背道而驰的其他所有情况和条件。（如果当前趋势是上升的，则考虑向下的情况和观点，反之亦然。）

第三，考虑可能引发比当前趋势更为强劲的趋势的各种动机和形势。（举例来说，1959 年 1 月初，流行的外推法结论是“一切”都将继续，保持适度景气；于是一种相反的意见也可能是未来将出现比预期的推动力更强劲的高潮，后来的情形果真如此。）

也许您会对自己说，这一体系并不会有太大的助益，因为我们怎能知道应该采取哪一种相反意见呢？

在这个问题上，我将不客气地回答：“这正是我们肩上长脑袋的用处，当路上出现岔道时，我们用头脑来判断选择哪个方向。这肯定比一条道走到黑更明智，您知道如果不转向，一定会走进死胡同的。”

在任何事件发生后，采用本体系都能锻炼您的意志，防止大脑功能退化。

逆向思考方法抱有一个真实意图

在每写一篇文字时，我常常忍不住重复相反意见理论的益处。

人既从自己的经验中，也从书本中学到新知识。而当您将某个问题诉诸文字或传授他人时，从中学到的也许更多。

自从1940年以来，我一直就相反意见理论的主题持之以恒地写作，并且在此之前，我所读的文章、所做的事情已经直接偏重于金融和社会经济学中人性方面的因素。也就是说，正是人类性格上的那些小缺点和空想症唤起了我的兴趣，它们比冷冰冰的统计学分析有趣得多了。著名的1929年股市大崩溃以及那个令人跳楼的时代，为我早期的思想反刍提供了丰富的原料。

在这样的时期里，您注定要学习某些事物，特别是当您的读者找到您并同您争辩您的论题时。

在相反意见理论中，主要的“陷阱”似乎在于读者坚持将之视为一种预测工具或体系，而实际上它是对轻率和无效预言的一种矫正方法。如果您采用它，它能够阻止您对不可预测者贸然预测的尝试。

事实上，该理论仅仅要求我们养成提出疑问的习惯，比如，“假定相反的情况出现，结果会怎样？”“有些人这样说，有些人那样说，那么是否存在第三种可能性，现在还没人想到？”“在某种狂潮或趋势的初期，‘众人’通常是‘正确’的，但是众人抱着这种念头现在可能已经太久了，‘转折点’是不是马上就要临近了？”

逆向思考方法的起点是针对当时盛行的想法或意见。然而，如果盛行的意见摇摆不定，那么顺理成章，我们就必须改换到另外的轨道上评估相反意见。当大众意见和众人一时的怪念头随着每一桩新闻事件或试探气球而变动不定时，它是不可能前后保持一贯性的。

请允许我用我和一位读者的交流来说明这个问题。他主张在所有情况下均采取某种明确的相反意见，另一方面，当两种大众意见争执不下时，也许有必要采取观望的态度。在这样的场合下，属于“僵局”。也许我在反对教条主义的时候做得有些过火了，不过我还是要说，如果我们对某种推测过于确信，听上去就行不通。

是的，我的确认为在逆向思考方法中存有一个真实意图，我相信您也发现了这一点。采用这样的做法需要花费一点时间，但是这是值得的。

使您的头脑灵活起来

或许我可以强调这样的想法，“逆向思考方法”是使您的头脑保持灵活的最好途径之一，我希望您能通过反复尝试彻底掌握这种方法。您已经注意到，在中学或大学的棒球比赛中，教练如何将球击打到各垒以使内野手保持灵活状态，以免球队在得分奔跑、击球跑垒、冲刺及失误的例行公事中懈怠下来。

您也可采取同样的方法来使自己的头脑保持灵活——将各种观念来回推敲。无数创造性的想法是通过一个主意激起另一个主意的方式在我们的头脑中萌生的。您可以通过插入相反想法的办法来提高上述过程的水平。没有什么东西比反对意见更能催生新的思路了。

下次当您需要解决某个问题时，试试把球打到各种方向。从您能想到的所有相反的角度上来推敲它。您将发现，这种从正反两方面研究的方法最有助于全面搜集所需信息，最终获取稳妥的解决方案。

用赚钱的智慧，而不是毛躁的冲动来挣得一些容易得来的钱财

1961 年 4 月号《世界主义者》杂志上刊登了一篇文章，重新提起喜欢深思熟虑者偏好的一个话题：成功来自于自己的头脑，绝不会纯粹来自书本。这个话题也适用于相反意见理论。

上面提到的那篇文章题目是“读一本书能使您发财吗？”文章还附录了一些图片，其中一张彩色的大幅图片展示了在枝繁叶茂的现时代大量出版的各种如何在股票市场、房地产和推销术上赚大钱的书籍。如果不是由于笔者当初仔细思考所带来的好处，其中可能也会包括一本尼尔写的如何致富的书。一些日子之前，曾经有一位著名出版商有意出版本人关于“赚钱智慧”主题的著述。之所以说“如果不是由于笔者当初仔细思考所带来的好处”，是因为当我刚接到这一提议时，本打算答应下来的……但是，当我为了准备这样一本书而在纸上记下一些想法后，我立即认识到这本书不会比任何一本为了赚钱而粗制滥造的大路货强多少，它也许会误导人们真的相信，想要快速致富，只要简单地照着这些“包装纸”上的指点，依葫芦画瓢就行了！我很快放下这件事，并给对方发出通知。

尤其自从最近两轮牛市开始以来，谈论如何成功的书籍一直很有销路。前几天我曾读到一位书报亭业主写的文章，他说金融类出版物以及如何击败市场之类的书籍竟然如此畅销，以致于他没法留下任何存货……与此同时，他回顾了 10 年前，那时这类东西堆满书架，无人问津。这是拿 1961 年和 1951 年相比的一个有趣的例子。

限于篇幅，这里不评论《世界主义者》杂志的那篇文章，不过，这篇文章切中时弊，也间接地警告我们，可能我们已经处在追求轻易发财的社会狂

热的边缘——如果不是已经卷进其中的话，因此这篇文章值得一读（这样的狂热只能通过不断的失望和空空的钱包才能了结——就像 1962 年 5 ～ 6 月间的情形一样）。我曾提起过类似现象，比如在金融类报刊整版的且语含暗示的广告（顺便说一下，我看到 SEC 正打算约束此类行为），还有图表分析狂潮，都是明显的例子。

关于采取赚钱的智慧而不是毛躁的冲动来挣一些容易的钱，请允许我简要解释一下。

所谓赚钱的智慧，我指的是极少数人天生赋有的那种精神禀赋，这种机能导致他们在任何谈话中、任何努力中、或其所涉及的任何交易中总是理所当然地考虑其中**金钱的一面**。另一方面，普通人很少想到钱的问题，当然，当他或她在花钱的时候，或者在打算花钱的时候，或者当看到一份新工作或合同的时候属于例外情况。

具有赚钱智慧的人一刻不停地寻找赚钱的途径。与此同时，他通常是一位心态平衡的独立个人，不会不顾一切地草率行事。他从**金钱的角度**深谋远虑：既考虑到亏损的可能性，也考虑到盈利的可能性。他从成功的可能性上权衡风险的大小。

在某些时代，比如眼下——1961 年 4 月，成千上万人一时之间染上了赚钱的狂热——当您周围所有的人都在谈论他们赚到的金钱时，这件事是极有感染力的。然而，从历史背景和经验来看，很少有证据表明他们这种凭着毛躁的冲动试图容易挣到钱财的行为是行得通的。具有赚钱智慧的头脑是久经训练的头脑，而毛躁的冲动则根本不具有赚钱的智慧。

具有赚钱智慧者采取相反的意见，防备自己做出轻率的举动。

挠着痒处的那句话（或思想）也许抵得上1000张图

您总能碰上这样的说法——一张图顶得上千言万语。这样的说法可以归结到中国人的哲学，可能是从美国的唐人街传出来的。

就像其他许多振振有词的说法一样，只有当那幅图与那些话都合适的时候，这样的说法才是成立的。问题是，在它惯常被采用的场合并不正确。

许多人士热心从事图表研究，希望由此预测股票价格，他们对于一张图表抵得上市场分析与统计资料的千言万语的主意是衷心赞同的。不过，请允许我把这种扭曲的观念再扭回来。我主张，“得力的关系抵得上1000张图。”

我想任何人只要注意到最近几年汹涌的投机激情如何把华尔街内外装点得耀眼夺目，他就会同意，如果您认识合适的人——拥有有利可图的“华尔街”关系——就拥有了比1000张最新的图表大得多的优势。

也许我应当尽快插一句，我并不反对明智地运用图表。它们自有其自身的价值，特别是作为检测价格冒头者的手段，来先人一步地考虑各种想法和传闻。我担心的是那种“百分之百依赖”采用图表的方式（如前所说，我定期从位于波士顿市国会大街211号的证券研究公司订阅精致的图表册，它提供按照每周和每月时间单位绘制的价格变化图表，还有收益率曲线和财务资料）。

当任何“运动”或者“系统”成为一时风尚后，它就具有了传染力，并将很快受到众人的追随。此时，逆向思考者应回想起弗兰西斯·培根爵士的告诫：**“盯住崇拜对象！在相信之前首先怀疑一切……”**研读图表的行当已经确实变成了一项具有盲目崇拜性质的消遣——随着许多股票的价格已经经历了不同凡响的上涨过程，从图表上看，它们好像踩着高跷而鹤立鸡群，于是发生上述迷信乃是自然的事。不仅如此，达弗斯关于如何快速发财的书（现已有平装本销售）在研究图表方面获得了醒目的商业成功。

正如我曾经力图说明的那样，当图表被人们运用得最多的时候，也正是您在使用图表时最需要小心的时候。

回到本文稍前的话题，我得承认，培植“得力的关系”并非易事。然而，只要某人具备足够强烈的兴趣，就能建立起真正有利可图的关系。我认识一个朋友，只要需要，当他拿起电话和远在其他城市的潜在投资对象的总裁沟通时是从不会犹豫的，他总是开门见山地问：“情况怎么样？”当然，我这位勤于问询的朋友事先已经对该公司做了一番研究，推想了它的前景，熟悉了它的财务状况。换句话说，他是有备而来的，而不是随随便便的。他发现，那些较不出名的企业的官员通常乐于和那些对该公司有诚意、也有兴趣的人讨论他们的业务。

与此类似，您还可以亲自上门，实地探访您通过谈话选出来的有希望的候选企业。我的另一位朋友养成了这样的习惯，他总是突然拜访。

独立深思的工具箱

我觉得自己需要配备一个思考工具箱，您不需要吗？您知道我指的是什么：某种类似于广告中见到的自助式工具箱似的东西。或者，也许我们需要的是大脑“盖革计数器”，它能检测新思想！

可以利用相反意见理论作为工具，将我们的思想归总到一起。

所有人都熟悉“联想”的办法，在创造性技巧中常常用得着。创造性的观念很少是从全新的或独创的思想中突然萌发的。新主意往往通过一个主意启发另一个主意的方式产生——某种连锁反应。

逆向思考方法已经最大限度地完成了上述工作。我也曾经对某些事件的发生感到惊讶，但如果当初我将思考工具箱应用得当的话，本来是不会对这些事件放松警惕的。

诀窍在于对新闻、评论，以及困扰我们的无数预言，从“相反的”角度进行观察和深思。

我想，1961 年下半年我发表的关于“高潮假定”的各种讨论已经揭示了本文的意图。当时，关于危机和战争的言论一直喧闹到当年秋天——总统也曾强调这个问题（我认为，他的做法是正确的）——最终，我突然萌发了一个相反的念头，我对自己说，当前这场危难迟早必有了断：要么引发一场大规模核毁灭战，要么将冷战推向高潮。

1961 年 11 月，关于战争的恐惧达到了一个高峰。当时我曾就此发表评论，记得是在一篇相当冷静的通信中。到底这与股票市场行情是否有任何关联，也许尚有讨论余地，但是，股票市场在 11 月也同时达到了当时牛市的最高点。

我继续密切关注这场与俄国长期冲突的高潮到来的任何迹象，因为世界局势看来正在发生变化。

逆向思考的艺术

或许，本文正是一个绝好的机会，可以提醒那些尚无机会成为“逆向思考者”的读者，他人常常持有与您相反的观点，可能不同意（有时甚至是针锋相对地）您的看法。

1961 年 11 月，当我公开讨论当时大为盛行的悲观主义战争恐惧时，有一份沉溺于乐观评论的咨询报告对我大加挞伐。这份报告嘲笑任何审慎的看法或悲观的态度——它走得如此之远，以至于宣称“如果在 1961 年秋卖出最佳成长股，这些投资者终会感到惊愕，不明白当初心里到底想什么了。”请您留意，这份报告是 11 月号的——在同一个月，伴随着令人激动的成交量，股票市场达到了它的“高位”。当时我已经签发了 11 月份第一期《通信》，标题为“在我这个佛蒙特人看来那是多么惨淡”，因为我对自己写的泼冷水的议论感到遗憾。这份研究报告不能忍受这一点，断言这位来自佛蒙特的不幸逆向思考者“已经从这趟班车上颠簸得掉下去了，在被遗弃的地方捣腾他那砸锅了的智慧。”由此您可以看到对我的指责！这件事告诉您，如果您是一位逆向思考者，将得到什么回报。（然而，那些成长股正是 1961 年“垮台的股票”，它们从 1961 年春的最高点跌去了巨大的百分比例。）

唉，算了吧，各人自有各人的口味。把矛头对准他人，已经让我错过了许多目标。

意见、言辞之相对于事实

我和一位笔友曾有过一次有趣的书信往还，笔友来信谈到有时我们需要强调大众意见的主题之相对于客观事实的关系问题，令我受启发。

1962年4月，这一点变得特别重要，因为当时在公开出版物上泛滥着各种言论——包括各种话题，从经济学到空气动力学、电子学，以及冷战气候学。（在各中“主义”和“学”之间，我们被这类名词后缀弄得疲于奔命！）

正如在上面提到的来信所告诫，“在采用相反意见理论的时候，采取与言辞相反的、而不是与事实相反的立场，具有无可比拟的重要性。正是言辞误导、曲解、欺骗了我们。持有与言辞相反的立场是最明智的，常常大有收益，但是采取与事实相反的立场（而这正是群体和那些本应更深刻地了解问题的人的普遍习惯）乃是自招灾祸。”

我之所以引用这位笔友的话，是因为他的表达方式很明快。（也许我可以补充一下，他战时曾服役于军事情报部门，刚才引用的话是他从实际经验中总结出来的。）

大众意见是通过言辞表达的，也是他人言辞的结果。因此，了解上述将重点放在**言辞**上的评论，是有益的。

“言辞”这一用语令人立即想起另一个字眼“宣传”。后者所指的行为已经在萧条期之后、战时、以及战后年代中演变为欺骗性的、迷惑人的一种惯技了。

要估量“罐头”新闻（或者又称为新闻“发布”）对大众意见以及大众行为发挥影响的范围，可能是做不到的。由于这场世界性的危机，我们正在经历一场由“误导的、曲解的、欺骗的”言辞构成的持续密集的交火。

我们的保护措施就是采取逆向式分析和相反意见理论。

更进一步地，当我们阅读财务报表和商业新闻时，也需要采取逆向式的谨慎态度。显然，商人们在其言谈之中是不愿意表露关于其公司及其运营状况不利的一面的，只要他们能够避免这么做。如果某位企业家敢于宣称他的公司利润急剧下降，则反映出他的业务管理有问题，因此，如果他不得不报告利润很差，则您可以确信，马上他就会指出这样那样的客观条件如何迫使他的公司蒙受了亏损（其中暗示，在管理方面他依然是无懈可击的）。

过去，企业界人士或许为了搅乱他们在交易所的股票行情而发布不利的报告，如此一来，他们和他们的朋友就能低价吃进股票。但现在这类行为几乎已经绝迹。如今我们耳闻目睹的是在分析师协会午餐会上关于某公司前景令人振奋的劝诱。对于这一类煽情的宣传，也需要采取同等程度的逆向式疑问态度。

随着冷战死结的持续，相反意见理论非常明确有助于我们避开该时代的错觉。我们必须警惕那些相信自己的谎言的宣传家，正如我那位笔友所指出的。

预测者们宁愿抛到脑后的那些年头

许多年头，预测与结果都不相符。不过近年来，我们目睹的预测错误更多于以往。

使这个问题浮现在我脑海中的，是刊登在 1962 年 6 月 19 日《纽约先驱论坛报》头版上的一篇报道，标题为“经济学家宁愿遗忘的年头及其原因”。非常感激该文的作者，《纽约先驱论坛报》国内经济版的编辑约瑟夫 • R • 斯莱文（Joseph R. Slevin）。在这篇文章中，他以提供文献证明的方式论证了尼尔氏相反意见理论。当我们的论点在一家大都市报纸上受到头版的待遇（专门分栏，并占据了不少于 5 个通栏的版面），我确信您将同意，相反意见理论思考体系的某些内容具有不可忽视的重要性。

斯莱文先生用下面这段话作开场白：“这一年（1962 年）是经济上造就大意外事件的年头。专家们被弄得惊慌失措，华盛顿没有剩下一颗完好如初的水晶球。”

打动我的是，持疑问态度的逆向思考者可以从上述引言中找到线索。当各种水晶球都已破碎时，这就清楚地意味着，那些持有与专家们相反想法的人处在正确的预测轨道上。

这篇文章追踪了当年半年来的各种事件，证明了其作者所主张的观点，即，无论企业界人士，还是政策制定者，“都必须保持灵活的立场——因为他们不可能确定下一步将会发生什么。”

我们也许可以沿着斯莱文先生最后这段话的思路进一步引伸。虽然我们马上会同意预言下一步将会发生什么充满了风险，但是如果我们采取反面的立场，则常常使我们想到下一步不会发生什么。通过从“反面”思考的方法，就能够对猜测下面将会发生什么的做法给予其应得的一击。至少我们可以在面对意外事件时加强自身防卫，和“被弄得惊慌失措”以及打碎自己水晶球的情况比起来，这当然算得上一个巨大的收获。

在我们的读物中充塞着各种意见和预言，在这种情况下，如果普通读者还能制定合理的决策，那简直是奇迹了。在绝大部分场合，他被拉向一个方向——并且在绝大部分时间中，这个方向是错误的。正如笔者不厌其烦地一再指出的那样，在关于商业、金融、经济——自然也包括股票市场——的文章中，千篇一律现象已经达到了如此的地步，以至于对读者个人来说，要独立自主地思考几乎是不可能的。他被洗脑了。

防止被洗脑的保护措施，就是采取逆向式的思维方法。思考尤其是逆向思考不是一件容易的事，但是值得我们努力尝试。

当我们展望令人惊慌的 1962 年下半年的前景时，让我们采用检查、核对我们所读到的一切文字的对策吧。如果华盛顿的专家们在电视屏幕上露面，大胆预言即将到来的事物，那么我们就不应当忘记，他们的目的是要劝诱我们按照他们的方式思考。公开宣示政策，是现代政府运作题中应有之意。为了防备意外事件，我们还是采取相反的立场吧！

认同众人的想法很便捷，与众不同的思路却要慢慢形成

当我们思考问题时，往往受制于难以理喻的天性——有时，直接跳跃到某种不假思索的主意；有时，画地为牢固守成见，尽管内心深处可能意识到自己是错误的。

其中有一种明显的特性——一桩自相矛盾的事情——与当前流行的大众意见有关：

第一，通常，一个人慢慢才能改变自己原有的想法；但与此同时。

第二，他竟然一下子就抓住了某种一时流行的怪念头，或者一下子就转向了一种新的风尚。

这就是说，认同众人的想法是很便捷的，而与众不同的思路却要慢慢形成。

当某人正处在思想转变过程中时，需要花功夫才能把事情想透。仓卒草率地跳到某种结论的做法很少能够带来益处，因为这样的跳跃总是使我们跳落到所有人都已经选择的位置上。

根据相反意见理论，如果所有人都持有同样的想法，逆向思考者就应该另谋出路。

就在眼下（1962 年 10 月 15 日），“所有人”看待股票市场，都相当萎靡不振、悲观失望。没人对股票有兴趣（虽然每个人显然都热衷于买新车。是不是汽车又成了地位象征了）。

从华尔街的角度来看，从两个方面考虑，现在把握比较大的可能性是牛

市正悄然到来。

看空的人太多了，他们已经变得轻率了。

大量的公众已经逼迫逃离股市，或者被套牢了。

当然，上涨之前将会出现种种试探和反复的行情——对交易商来说，这进一步增加了挫折感——但是如果相反意见理论果然有效的话，那么扭转我们的思路、转向具有建设性的前景展望的时机已经到来了。正如以上所讨论，这样的思路转变从来都是很难形成的。人们喜欢死抱先前的观念不放。

然而，看空和恐惧的态度差不多已经普遍到历史上曾经达到的最高程度了；因此，持有建设性的心理状态，少来一点防御心理，现在正其时也。

41 年里“意料之外”的事件

有时，人们向我打听过去曾经发生的出乎意料之外的事件，以及事先毫无察觉的事件。在这样的情况下，逆向思考方法也许本来能够帮助我们做好精神准备，而逆向式的行动计划也许本来能够挽回意外事件对国家、对百姓所造成损失的。这里列举少数史实。当然，我们还可以继续添加许多案例。

1914 年　利特尔将军忧虑战争爆发。报纸上很少提到任何关于 1914 年 7 月前的紧张国际关系的事情：

但是——很快报纸上出现了以下黑体字的大标题：

8 月 1 日——德国对俄国宣战

8 月 2 日——德国入侵法国

8 月 4 日——德国入侵比利时

8 月 5 日——英国对德国宣战

全世界目瞪口呆地看着这一切，感到难以置信。

1916 年　有“战争之子”之称的上市公司股票形成了耸人听闻的上升势头，人们预期股市大势将持续看好。

1916 年 11 月，为时一年多的熊市开始了，到 1917 年 12 月，市场平均指数几乎完全回到了先前周期的底部。

1919 年　人们普遍预料和预测战后将会立即发生萧条。结果发生了通胀型的繁荣，人们将其昵称为“丝绸衬衫时代”。

1926年　人们担心再度发生熊市和萧条。然而，“新时代”开始，并出现了历史上规模最大的股市上涨。

1929年　有人宣称进入永久繁荣的平台。新时代的梦幻破灭。

1930年　30年代经济：我们已经进入了“成熟”的年代。世界政治：何须担心那位帖海报的小子和他的纳粹党？结果，所谓经济成熟沦为笑柄，但是希特勒却不是开玩笑的。1939年，人们预料到了战争，但认为“它不可能持久”，希特勒“既没有钱，也没有强大的军队。”

1940年　希特勒绝不可能突破久负盛名的法国马其诺防线，荷兰大坝将开闸放水，淹没任何入侵者。当1940年5月10～14日入侵战争发动时，一般预期股票市场将上升。“闪电战术”席卷比利时、荷兰，并以新闻报道刚好跟得上的速度迅速卷入法国。西方世界终于清醒过来，认识到“所有人”关于希特勒及其军队的看法都是一场灾难深重的错误！市场在法国沦陷后崩溃了。

1945～1946年　预料战后立即出现萧条，800万～1200万人将失业。如同1919年的情形，一场战后“重建”的繁荣，使所有的预言看上去愚蠢到家了。

1949年　大不列颠不会再让英镑贬值，斯塔福德·克里普斯（Stafford Cripps）爵士已经13度发出此类断言。9月18日，英镑贬值到2.80美元，其他29个国家的币值依葫芦画瓢——从此以后还有更多起货币贬值事件。

1947～1954年　挥之不去的对经济萧条的普遍预期。繁荣的景况在很大程度上占有优势：其中出现过短暂的波折。

1955～1957 年　关于萧条的担心消退了，而关于永久繁荣的念头又成了一时的时髦。1957 年中，股票市场崩溃，当时正是未来前景看起来最光明的时候。

1961 年　对增长的狂热在股票市场上激起了一个大规模的投机时代。成百上千的公司“上市”，而贪婪的公众则以快速上升的价格抢购这些股票。正如过去发生在大众狂热中的情形一样，人们在 1962 年夏初终于回到了残酷的现实，股票价格暴跌。作为一名逆向思考者，再次地得到了回报。

至此，我们达到了这本关于逆向思考方法的叙述和短文集的尾声。

作者衷心希望您——读者朋友，能够对相反意见理论进行持之以恒的思索，并将之贯彻到底，最终可能建立起一个思考这个世界各类紧张、复杂事物的清晰体系。

结束语：“他们”的奴隶

塞缪尔 • B • 佩滕吉尔著

受人尊敬的塞缪尔 • B • 佩滕吉尔（Samuel B. Pettengill）带有佛蒙特背景，他的家族在此地可上溯到18世纪。佩滕吉尔先生从米德尔伯里学院和耶鲁法学院毕业后，在印第安那州从事律师业，后来在1931～1939年，成为一名国会议员（他取得了不少政绩，其中包括击败富兰克林 • 德拉诺 • 罗斯福的“最高法院扩充议案”。此后，他成了一位有名望的作者（他的《烟幕》在1940年一整年中都是最畅销的）。他撰写了数不清的报纸专栏，主持了一个广播论坛。1956年，佩滕吉尔先生退休，回到他的故乡佛蒙特州格拉夫镇——这是一个邻近撒克斯顿斯河的村落。在我看来，下面这篇文章几乎就是一篇当我休假时替我客串的一封通信。

——汉弗莱 • B • 尼尔

不管您是否持有股票，实行逆向思考方法的重要性都是与日俱增，道理很简单，因为能够这样做的人越来越少。

旧时代的编辑、乡村律师和戴维•哈里姆斯（David Harums）已经被埋葬了，他们的位置被合并起来的大报纸和集中控制的全国性电视台和广播网所取代。它们渴求耸人听闻的大新闻，合成一股力量把失和的牧羊人之间发生的每次口角都夸大为对全人类具有重大影响的国际事件，并号称为了解决这场危难，所有人都必须联合起来。

我的朋友汉弗莱打算从烦恼与忧虑中短暂脱身，给我一个机会来分别从几个角度讲一下这个主题。

“合群性”已经演变为一场巨大的灾祸，因为它抑制了个人的思考。“他们”想什么，或“他们”穿什么？穿任何衣着都不会令女士们死掉，但是，时装设计师为了卖出新服装，总是不断地推出最新款式，令其他所有款式过时。于是，女士们的裙裾一会儿长一会儿短，而男士们则把实际上崭新的双排扣西装扔给捡破烂的，大家都对推销时尚的隐身说客言听计从。

在家具、装饰、珠宝首饰、铺有高高低低地板的农场住宅，以及各人应当抚养几个孩子等方面的流行时尚上，情况也是如此。如果您有胆子在客厅里放上一张老而舒适的真正莫里斯时代的椅子，您该是多了不起的一条好汉啊！那些羁傲不驯的独立主义者都哪儿去了？他们都变成了“他们”的奴隶。

在我们的公共学校里，约翰·杜威主义者和改造社会者已经使得独立人格成了几乎不可饶恕的一种犯罪行为。如果某位学校女生那“老古板”妈妈告诉她，头戴某样饰物比扎流行的马尾辫可能更好看，她会难过得痛哭流涕。

如果把一桶混和着烟蒂、腐朽蟑螂尸体的油漆用力甩在一块揉皱的旧油画布上，则差不多肯定它可以作为某种新的艺术形式，从由身形瘦削的著名学者组成的委员会手中赢得数百美元的奖金，他们的武断裁决是不容任何怀疑的。

学校教师如果持有旧式观念，打算增强孩子们的精神素质，使他们有能力应付生活中的各种问题，倘若这位教师的意图超出了使他们在啤酒聚会上举止端庄的范围，他就必须瞒着校长，将读、写、算的基本知识和基本技能像私货一样偷偷灌输到学生们的脑子里。

在学校里，我们那些可怜的小宝贝几乎没有什么必修的课程，考试也没有成绩好坏的评分，即便有也少得很。他们作为最基本、最普通的分母被聚集在一起。时髦的教育方法是对他们进行软弱的规劝，拉丁文和代数学时代那种旧式的严格纪律已经随风而去，而“唯奋斗才有力量”的真理本应大书于每一块黑板上！

如果您作为一名卑微的纳税人，竟敢质疑“对多产妇女进行奖赏的社会福利体系导致生育私生子变成了一门职业”的学问，您就成了一名“人道主义者”，并被最好的社交圈子拒于门外。

为了提倡对“大众人”（mass-man）的狂热崇拜，伟大人格被降格，而英雄主义更是绝口不提了。新近有一套二卷本的美国历史，共有1075页，由密歇根大学出版社出版，其中竟无任何篇幅提及内森·黑尔（Nathan Hale），或者不朽的劳伦斯（Lawrence）船长“不要弃船”，或者引用约翰·保罗·琼斯（John Paul Jones）那火焰般的隽语，“我刚刚开始战斗。”

在另一部近代史《美国的过去》中，也没有约翰·保罗·琼斯的位置，但是的确给了杰西·琼斯（Jesse Jones）一些篇幅，还提到萨科（Sacco）和文兹蒂（Vanzetti），说他们“由于他人捏造的谋杀罪而被处以电椅死刑”。但这是作者的看法，不是历史。

“他们”如同推士机一样，驱使美国人民相信了这样的胡言，即美国最高法院的决定是“本国最高法律”。法官们自己并不这样认为。他们全都宣誓支持本国的最高法律，当他们纠正他们自己先前的裁决时，并不认为违背了任何这样的法律。他们知道宪法将其规定的议会立法权完全授予了议会，而没有将任何立法权授予法院。

在此值得回顾的是，1859年的逃奴法曾经被最高法院裁定符合宪法，但是遭到了北方重要公民的谴责和违抗。一些州立法院宣布它是无效的。但是以后，位置完全颠倒过来了。

在外交事务上，在奉行干预主义政策的43年中，如果您追踪了各种口号和炮制口号者的情况，可能会觉察到，为了避免在踏入下一个无底的沼泽地时陷得更深，我们值得采用一点逆向思考方法。也许您已经不堪回首地想起那场“用战争终结战争的战争”，或者“为了使世界民主更安全”的口号，或者您会指出我们赶跑了德、奥帝国的皇帝却换上了希特勒，而且喂肥了他胯下的马。

但是，如果您提出最近某位总统很像那位“讨人喜欢的家伙”，肯定会招来世界大同主义者和合群者大声训斥，说您是一条道走到黑的孤立主义者，已经死了，只是还没入土。

您是不是偶尔会想到，在黑人最集中的非洲地区，我们往往犯贪多嚼不烂的毛病？同我们现在迫不及待地把自己牵扯进去的一团乱麻相比，拉迪亚德·基普林（Rudyard Kipling）时代白人的负担就算不了什么了。在基普林的时代，我们还算够聪明，让其他国家承受这些负累。当时我们听从了华盛顿和杰弗逊的忠告，一心管好自己的事，终于建成一个伟大的国家，朋友遍天下。

但是时过境迁，意图将人类从其自招的创伤下解救出来的神圣热诚燃起了我们的激情，英国、法国、荷兰和比利时士兵大举撤离，我们则高唱着“前进，联合国的士兵！”大举进军，填补了他们在亚洲和非洲留下的真空。在眼力所及的时间范围内，非洲和亚洲将一直动荡不安，直到水深火热得连虾米都得叫出声的程度，到时候还得我们来付账。我们从和平鸽那里所看到的一切无一不是账单！

对自己国家的过去、现在和未来进行一些逆向思考，肯定是有益的。

有没有哪位政治家夙夜匪懈地研究一下当今正在发生的人口爆炸问题——全世界每年增加5000万张嗷嗷待哺的嘴巴，而且新添的千百万人口造成了对土地和原材料的新的渴求？

当然，日益进步的科学和农业技术将减缓这样的压力，但是，能不能一劳永逸地解决问题，则的确是个未知数。人口专家告诉我们，今天世界上的饥民人数多于外国采取救援行动之前。1978年创立的著名马尔萨斯学说，在整整一个世纪中一直被视为谬论，因为当时在美国、加拿大、澳大利亚等地都存在着实际上无人居住的广阔地域。但是，现在哪里还有免费的土地呢？6.69亿人口的中国不会有，4.03亿人口的印度不会有，1亿人口的日本（其面积不超过加利福尼亚）也不会有。

事实上，如果在国境之内存在千百万饥民，那么除了军警专制的政权之外，还能有什么样的政府应付得来呢？从任何一个和平的居住区抢劫食物，只需三天功夫，丛林法则就将接管此地。

人类群体就像加德林猪（见卢克电视台5:13节目）一样，喜欢“聚集起来”，一涌而上地追逐某种真实的或虚妄的目标，并且几乎总是大大过头。乍看起来，这样的事情是难以置信的，在1640年荷兰郁金香球茎狂潮中，人类群体竟然表现得如此十足地愚蠢，以至于将郁金香球茎的价格疯炒到每颗5500弗罗林（大致相当于3000美元），并在这样的过程中使该国的银行体系陷于崩溃。然而，在《惊人的幻觉与大众的疯狂》一书中，的确留下了这样的记录。伯纳德•巴鲁克（Bernard Baruch）说，这本书“帮他保全了千百万美元。”此外，您还记得1929年吗？

难道在我们这代人的经历中，不曾真实地发生过牧师要求“一品脱酒判决一辈子监禁”的事吗？不曾真实地发生过为了现在已经完全合法的行为而没收汽车、查封大饭店的事吗？

当大众的狂热与某一人格（如拿破仑时代）拴在一起时，与爱国主义拴在一起时（如战争时期），或者和上帝拴在一起时（如在十字军时代，或在巫术时代），人群之中催眠术般的相互感染作用是没有任何极限的。这样的狂热只能听凭它自己最终精疲力竭，比如在十字军的例子，这个自我耗尽的过程花费了200年（参见上文提到的《惊人的幻觉与大众的疯狂》一书的记述）。

在罗斯福二世统治期间，他竟然惊人地愚蠢到相信斯大林是“一位爱好和平的民主派，”这种愚蠢对美国大众的影响达到了这样的地步，根据盖洛普调查，在雅尔塔会议之后，我们之中94%的人对他的善意没有丝毫怀疑！没有哪位有名的图书出版商愿意出版揭露罗斯福蠢行的书。“他们”会不高兴这种做法的。

我们在广岛和长崎投下原子弹，在没有事先警告的情况下屠杀了成千上万的妇女和儿童等非战斗人员，可能再也没有哪一桩比这件事对我们国家在世界舆论中的声望更有毁坏力的了。然而，当时有谁站出来谴责这件事的呢？直至今日，我们的政府才恩准我们得知，日本人曾经试图谈判投降，但是我们当时甚至谈都不愿和他们谈。这一点否决了为上述轰炸找到的所有借口，将我们置于这样的境地，在历史记载上，我们是世界上唯一已经使用过在所有武器中最野蛮的武器的国家。

无论如何，关于人类一哄而上的狂野习性，还算存在有希望的一面，即它们的确会随着时间的推移而被消磨掉。在人类事务中，存在一种钟摆规律。人们天生的智慧最终确实能够重新确立自己的权威，但是，也许我可以补充一下，仅当这里或那里的独立个人开始站出来说话的时候才会如此。请注意围绕第十八修正案发生的情况。如杰佛逊所说，“我们绝对不被准许对我们的联邦失望……只要稍有耐心，我们将看到中庸状态的终结……人们将恢复他们真正的见识，使他们的政府回复到真正的原则上来！”

如果我不怀有上述信念，就不会写下这篇短文了。

然而，当我发觉隐身说客正在对我做手脚，好像我是巴甫洛夫手中的狗一样，则我惯常的好脾气的确也会被激怒到非常的地步。何其狡猾，这些“大众意见一致的工程师”，这些“条件反射者”，这些“他们”。而在大规模传播工具的装备之下，他们所采取的秘密刺激手段又是何其有力。他们何其奸诈地将那些不愿意为人所见的文件贴上“机密”的标签；让电台播音员对那些他们不愿意为人听闻的消息一言不发；拒绝出版提出反面意见的书籍。

我之所以反对他们，不仅因为他们冒犯了我个人的尊严感，而且因为他们助长了某种极权主义——完全控制人们的思想。它就是奥威尔（Orwell）在《1984》所说的“群体思想”。

没人说相反意见必然优越于主流意见。某位也不必把自己弄成一个讨厌鬼，总是对他人的意见唱反调，或者因为他在50条施政纲领中反对其中的一两条就拒绝支持某位候选人或某个政党。

但是，在寂静的夜晚值班巡查时，养成在大步跨跃前先仔细看清脚下路面的习惯，这已经为少数人发现是有益的——对国家来说何尝不是如此——这些少数人已经尝试了这种做法。

若干年前，一位年轻的意大利人接受了入籍法庭的考查。问的全都是常规问题。但是，为了最后确定他是否具备成为这个伟大共和国公民的权力，法官问他："国旗上有多少颗星？"

"96颗，法官大人"……法院房间的墙壁上正挂着一张国旗。法官指着国旗说，"托尼，你不会数一数吗？"……"是的，法官大人，但您看到国旗有两面了吗？"

年轻人通过了。他并没有被问到联邦里共有多少个州，而是国旗上有多少颗星，他已经注意到了！

1961年9月

关于作者：汉弗莱·B·尼尔

——与美国头号“逆向思考者”聚首

他多年来始终站在华尔街的有利位置上观察和分析经济趋势。这段漫长的岁月并没有从他脸上，从他的言谈中，从他的心里磨掉他的佛蒙特本色。从1828年起，尼尔家族的祖祖辈辈，就一直居住在佛蒙特撒克斯顿河边的家园。在这栋庄严大宅的厨房边，有一间排满了书籍的房间，就是这位汉弗莱·尼尔目前编撰他的社论的工作间。从前阔大牲口棚里的马具室成了他研究的图书馆，堆满了他的报纸和新闻简报。就在这些修炼所，他写出了知名的《相反意见理论通讯》。

他曾经有十年光景在诸如布鲁克迈尔经济服务的机构当学徒。后来，汉弗莱·尼尔为自己确立了做一名商业文字写作者的事业，他采取生动的、人性化的途径来研究一门“枯燥无味的”事实加数据的科学，为他赢得了全国范围的关注。他出版了许多著作，其中包括《跟踪行情与市场策略》（1931年）、《理解美国商业》（1939年）以及《股票交易所的内幕故事》（1950年）。

汉弗莱·B·尼尔根据对自己整个活跃的商业活动经历的观察、研究和资料记录，建立了相反意见理论。在他最近的新著，《逆向思考的艺术》第五版中，他对该理论进行了进一步的详细阐述。

卡克斯顿印行有限公司

爱达荷州考德威尔镇

反者，道之动

——凡事深思一层的习惯

丁圣元

译完尼尔的《逆向思考的艺术》，感慨良多。

尼尔于20世纪中叶提出“相反意见理论”，不长时间后便成为市场研究理论中的一支，尼尔本人也俨然是理论的创始人。早在2000多年前，《老子》就说“反者，道之动”，又说“将欲歙之，必固张之；将欲弱之，必固强之。”照理我们中国人在老子点拨后再经过2000年修炼，对逆向思考从理论到方法应当人人能够信手拈来、人人能够得心应手了，孰料竟然是大洋彼岸的尼尔得其真传。

日常遇到的大多数事情与其说存在所谓正确和错误的选择，毋宁说更像对弈：有的时候（有的人）想得深，往后推算3步、5步或更多步，在这样的情况下，选择就多，而且下一步的动作就在一整套战略之下，奕者很可能逐步占据局面的主动权；有的时候（有的人）想得浅，只算下一步，所有的选择看上去再明白不过，选择起来也简单，只要下一步能吃子或将军就很妙，这样下来，很可能稀里糊涂就断送了整盘棋。棋局胜败取决于双方棋路的深浅，即每着棋所属的推算步数的多寡。

逆向思考的艺术

如果从经济学的角度来看待日常生活，则资源有限是无可置疑的公理，无论荣誉、事业、地位、金钱、房子等等无不数量有限，免不了与人竞争；即使没有与人竞争的必要，就算能活200年，生命的时间也总是有限的，因此还是不得不和自己竞争，在任何时刻，在选择做这个还是做那个这一点上依然需要权衡、竞争。只要资源有限的前提成立，则竞争就是无可逃避的事实；只要竞争无可逃避，则人生就是对弈：多算胜，少算不胜。因此，按照译者的理解，逆向思考艺术的真谛乃在于养成多算棋步的习惯，彻底抛弃随手棋的陋习。

那么尼尔为什么要特意强调“逆向”并且是与大众意见逆向？只要注意到绝大多数棋迷满足于表面的棋步选择，满足于一步、两步的一目了然的招数这样的事实，其道理就显然了。由于人性的局限，从概率分布的科学角度上看，不论在什么情况下，绝大多数对弈者总是只想一两步，总是满足于浮光掠影的“思考”。如果某人算路深，下一招棋也可能与他们的选择是一样的，但是必须明了，同样一招棋背后的考虑并不一样。换言之，逆向不一定逆在具体的一招两招棋步上，“逆”就逆在棋招背后的算路上。

人生的日常竞争并不像对弈看上去那样明显，倒是市场投机或者投资交易活动显得和对弈接近——市场参与者的对手是其他所有市场参与者的集合，因此尼尔将话题集中在股票市场交易上。我们这里也以国内股市为研究对象。

棋步一：当前股票市场大势上升，应当看多，买入股票；

棋步二：国有企业平均经营效益连续十年滑坡。国内上市公司绝大多数为国有企业，市盈率高，业绩增长不明显，难以支撑大势的大规模上升行情，应当谨慎看空；

棋步三：股票市场从无到有，从“不行就关”的试点，到“推动国家持股结构改革”的大规模展开，也就在近十来年内[①]。特别是自从1996年以来，

---

① 1990年12月，沪深两家交易所正式成立。1992年，邓小平南巡谈话，确定经济体制改革的目标是建立社会主义市场经济体制。1998年9月，十五大召开，指出股份制是现代企业的一种资本组织形式，资本主义可以用，社会主义也可以用。1999年9月，十五届四中全会指出积极探索公有制的多种有效实现形式，大力发展股份制和混合所有制经济，推动国家持股结构的改革。

国内居民、企业、官方才普遍注意到股票市场的存在，开始从不同的利益出发积极参与股市，尽量让股市为我所用。这是一场大规模的宏观经济转折。举例而言，之前，国内居民和企业的资金仅有一种主要存在形式：银行存款（国库券近似存款）；之后，人们越来越认识到股票市场也是一个不错的选择，因而作为经济市场化进程的一个基本方面，国内居民和企业金融资产多样化的宏观进程也开始了①，资金向股市分流。由于金融资产多样化的进程方兴未艾，国内股市大势受到强有力的支撑，虽然上升过程颇费周折，但总的看来很可能在长期内将一直保持上升态势。棋步三的结论是，买入，并长期持有。

棋步四：由于大势上升主要取决于宏观金融资产多样化进程的影响，因此股指的变化与宏观经济状况并无直接关联，也和上市公司的效益没有直接关联。这既是机遇，也潜藏着危机。

最近若干年正是国有企业改制的关键时期，股市资金的相对充裕是一个难得的机遇，应当珍惜，善加利用。但是，股市的根本原则乃是资源的有效配置，乃是追求资金的使用效率。目前对股票市场功能的认识有一个重要方面是“为国企改革筹措资金”。股市本来就有筹措资金的功能，但是前一个功能更基本，后者依附于前者。

在实践上，证券市场监管部门实际上将资金所有者划分为两部分：国有企业一部分，民间一部分，且似乎将“为国企改革筹资”简化成“将民间资金转化为国有企业资金”。结果在对企业的监管、对二级市场运作的监管上花费的精力过少，在批准上市上下功夫过多；对上市公司配售股票、增发新

① 《中国证券报》2000年8月16日头版头条报道“机构投资者大举入市，今年上半年陡增26.49%，增幅明显高于散户”。报道说，记者从沪深证券交易所信息中心了解到，截至到今年7月31日，沪深证交所A股机构投资者以达35.67万户，较去年底的28.2万户增长26.49%。实际上，国内居民和企业的金融资产多样化进程同样引人注目，只不过居民（散户）基数庞大，其进程更具有统计特性，更稳定。该文最后说，“由于我国证券市场个人投资者数量庞大，在整体如投资者队伍中，机构投资者所占的比例并未有实质性变化：1999年底，在所有投资者总数中，机构投资者所占比例为0.63%，到今年7月31日，这一比例为0.68%，仅微增0.05%。这表明机构投资者队伍的发展空间十分巨大。”不仅表明机构投资者增长空间巨大，上述比例也说明一方面散户基数庞大，另一方面散户开户数也在同时以较高速度稳定增长。据较早的报道，北京市今年上半年证券新开户数目月月创新高。

股二次筹资的标准过宽，而对其资金运用、企业运作的透明度查处、追究上几乎没有配套措施。结果投资者和上市公司之间的关系变得非常特别，大家都只对股市本身感兴趣。上市公司的目标在于努力包装，努力达标，进而努力募集资金、努力配售、努力增发新股，从股市圈钱（美其名曰“资本运作”）竟然成了企业的主要经营目的；另一方面，投资者心中也不关心企业的业务，甚至上市公司是否存在也不是问题，上市公司退化为交易符号和博弈工具，关键是有无庄家炒作，有无涨跌空间①。

于是出现了奇怪的现象，上市公司公布预亏公告之时，可能就是其股票受追捧之日。为什么？这和所谓“资本运作”有关②。首先，国内上市公司迄今少有摘牌的先例，这意味着“资本运作者”只需冒有限风险；其次，这样的企业往往股价相对较低，“资本运作者”通过较少的资金就可以达到控股目的，而且股价上方有空间；第三，“资本运作者”经过一番“收购”、“重组”、“资产置换”、“优质资产注入”的黑箱作业，使上市公司收益率等财务指标再次达到配股、发售新股的标准，同时采取种种手段驱使股价上涨。最后，在较高股价的基础上，成功地以高价格配股、发售新股，当初投入的资金就获得了超乎想象的高额回报。上述过程的全部目的只在于“资本运作”，而正常的资本运作本应从属于企业经营活动。

此类资本运作大约是股市做庄发展而来的高级形式，并且总要和做庄者结为一体。一般投资者之所以追捧此类股票，看重的就是第三阶段的股价上涨。

不符合逻辑之处在于，如果“优质资产”有能力大幅提高企业的净资产

---

① 例如 ST 郑百文，据《中国证券报》2000 年 5 月 17 日报道，该公司 1998 年开始出现危机，1999 年净亏损高达 9.81 亿元，财务费用高达 3.48 亿元，每股累积亏损 8.908 元，截止到 2000 年 3 月 1 日到期本息债务金额为 21.302 亿元。就是这样的上市公司，从 2000 年 5 月初到 8 月初，股价从 4.5 元左右上涨到 6.8 元左右。

② 参见《全景网络证券时报》2000 年 7 月 27 日“2000 年中报：关注两个业绩指标的背离”一文：实际上，在相对宽松的配股政策环境和低成本筹资的利益驱动下，近年来越来越多的公司计划或实施了高价配股，这是 1999 年报的一大特点，即只要业绩达到配股资格的要求（有些甚至通过玩数字游戏的方式达到），企业纷纷用足政策，一般都不愿放弃可以得到的融资机会，配股价格也屡创新高。而筹资后无法实现业绩的同步增长，自然使收益率降低。这种现象也反映出对募股资金的使用效率过低，已经是上市公司当中普遍存在的现象。

收益率，那么为什么一定要背上亏损企业的包袱，而不是强强联合，找强者结盟，或者干脆就凭自己的优质资产上市？一般说来，在企业经营当中，扭亏为盈比从头做要困难得多，符合逻辑的选择是对大多数亏损企业敬而远之。但是市场变化证明上述正常逻辑已经被抛弃，证明国内股市已经呈现变成“邮票市场”的趋向。

国内邮票市场曾经火爆数年，很多邮票数十、上百倍地上涨。但是，邮票在很大程度上只是一种符号，所谓收藏意义基本上取决于爱好者的意愿，而真正的爱好者总是人数少、货币有限、且长期行为居多的。国内邮市的上涨无非因为当时一般民众对新金融产品的渴求、投机客对投机工具的渴求、不正常收入获得者对洗钱手段的渴求。邮票本身当然不会带来什么经济效益，所以邮市的涨势只能靠新增资金推动。问题是新增资金总有衰竭的一天，结果必然是市场崩溃。

对于股票市场的长期可靠的上升趋势来说，场外新增资金是喂给上升趋势的糖水；上市公司本身一定水准之上的资金使用效率才是喂养上升趋势的奶水（借用一位美国风险投资家的话，原话说风险投资是创业者的糖水，新企业的营业收入才是创业者的奶水）。

上市公司符号化之后，优胜劣汰的过程中止了，资金使用效率当然得不到保障，大量资金被闲置、被亏损、甚至被窃取（如大庆联谊案①）。2000年媒体上曾经就互联网企业烧钱现象和互联网泡沫大大鼓噪了一番。无论如何，互联网毕竟代表着生产力发展方向，互联网企业毕竟在尝试和探索新事物，即使失败也一定能够留下一点经验教训，何况互联网企业主要烧的是国

① 参见1999年12月2日《南方都市报》“从公开信息透视大庆联谊股票案”一文：在不法券商、中介手中，这一切似乎都可以包装得天衣无缝。直到大庆联谊股票案发，我们才知道，“大庆联谊股份有限公司是1996年由大庆联谊石油化工总厂独家发起，经批准成立的股份制企业”。而在该公司的所有公开资料中，它变成了一家在1993年就已经成立了的公司，并且也不是由总厂“独家发起”，变成了与王加富的“林源建材”等共同发起，联合其他法人以“定向募集方式”成立的“股份有限公司”。这家所谓在1993年成立的公司，实际上是用来套取百姓血汗钱的“虚拟企业”，其所玩弄的不过是一场用来骗取上市资格和额度，拼凑资产、欺世盗名的把戏。这些把戏归根结底为的是一个“钱”字。钱流到哪里去干什么并不重要，只要能进入某些人的腰袋就行。贵为大庆人大主任的钱某，公司的二薛一王，以及其他大大小小都因此而声名狼籍、身陷囹圄。

外投资者的钱，主要也是国外企业在烧钱。相比之下，国内股市这种烧钱方式、烧钱速度，不论在规模和速度上恐怕都不是互联网企业可以望其项背的：互联网企业的资金以百万、千万元计；而股市上市公司的资金动辄数亿、十数亿元。“吃完了企业吃财政，吃完了财政吃银行，吃完了银行吃股市”，但是股市不但没有被吃瘦，反而越吃越肥了，这不符合逻辑。

狂欢节过后，必定得有人付账。事实上，根本不存在所谓国有企业、民间的资金来源划分，国内资金来自国内所有企业和居民的储蓄，是全体劳动者历史积累的劳动成果，是国内经济发展最主要、最可靠的资本来源。对中国这样一个发展中大国，国内资本无疑是自力更生的依据。就宏观总量而论，两者的划分只是数字游戏，没有任何意义。如果上市公司经营效益长期低下，则不论资金来自民间还是国有企业，整个经济体系蒙受损害的程度是一样的，绝对不会因为损失的资金来自民间，国有企业就能独善其身。乡下老话说，“钱不出庄，庄不穷”，这才是问题的实质。

既然上市公司不能为资金提供较高的使用效率，那么一旦金融资产多样化的宏观调整过程结束，或者力量减弱，则股市必将重新回到追求效益的基本点上来。这样的局面可能在超长期之后出现，届时股市已经被推高到离奇的程度，股市崩溃的可能性将越来越大。因此棋步四的结论是，必须慎防股市在经历超长期繁荣后的大崩溃。美国 1929 年股市崩溃的先例，日本股市从 38000 点暴跌到 17000 点，后来 10 余年不得翻身的先例，特别是后者，应当是前车之鉴。可怕的是，历史上少有成功地吸取前人教训的先例，多的反而是重复前人失败的例子——这就是“历史重演”格言的来历。

以上从棋步一到棋步四，大致说明了我们对当前国内股市的分析。棋步一属于初级层次的大众意见；棋步二属于中级层次的大众意见；从棋步三开始，有一点深刻，大概算得上对上述大众意见的相反意见了。结论是，市场看涨，但必须谨慎；大势上涨取决于金融资产多样化的进程，和宏观经济、上市企业的盈利并无直接联系，因此目前的涨势很可能具有宏观、持久属性，不会在短期内终结；经过超长期牛市之后，如果股票市场仍然不能具备正常的优胜劣汰功能，不能提供足够水平的资金回报率，则大崩溃的悲剧可能难以避免。

*

不应该将相反意见理论简单地看作反对大众意见，或是否定大众意见的价值。深邃的思想者永不满足于“一目了然”的结论、“照理”的结论、“公认”的结论，而是养成自己动脑深思的习惯：多掌握一点事实、再多掌握一点事实；深思一层，再深思一层……这就是本人理解的逆向思考的艺术，也是“反者，道之动”第一方面的应用。

在大众意见和非大众意见之间存在某种奇妙的平衡机制。绝大多数人棋路浅，虽然人数众多，但是大家棋力小，所以在竞赛中并不能决定名次，极少数棋力深者则具有决定性作用——如聂卫平在中日围棋擂台赛中曾经一再起到一夫当关决定输赢的作用。但是，普遍的围棋水平、棋艺传统、棋艺文化依然取决于大多数人，进而决定了高手的多寡、出现高手的可能性等，更重要的是棋艺代代相传也完全依靠最大多数的围棋爱好者，这就是所谓人群基础。**丧失了人群基础，则丧失了存在和持续的基础，就有绝灭的危险。**换句话说，棋步少算者是棋步多算者的基础，而多算者是少算者大蛋糕上的奶油；关键在于一次多算并不代表今后总能多算，此事多算并不代表彼事多算，只有在人群基础充分多样化的基础上，经过永不停滞的公平竞争、优胜劣汰，才能保障多算者队伍的新陈代谢，维持人群总体棋艺的活力。本质而言，多算者就是从也只能从少算者中产生，而且他只是在此时、此事上多算了棋步而已。综合起来，我们将这种平衡机制称为大众平衡机制。这种平衡机制的另一种理解就是多元化，包括两方面的基本原则：公开竞争的市场机制、自我修正的动态过程①。

① 参见《传播学教程》（郭庆光著，人民大学出版社，1999）第136页关于约翰·弥尔顿和F.S.席伯特的一段评论：美国学者F.S.席伯特指出，现代自由主义理论中两个重要原则——“观点的公开市场”和“自我修正过程”，就是从弥尔顿的思想发展而来的。这两个原则的基本假定是：第一，人是希望真理并愿意服从真理的；第二，为了接近真理，唯一的方法就是保证各种不同意见能够在“公开的市场”上进行自由竞争；第三，人们的意见不可能都是相同的，应该以承认他人的权利为前提，保障每个人自由表达自己意见的权利；第四，在各种不同意见的讨论和碰撞中，最终能够产生出一般人所能承认的最合理的意见。

大众平衡机制的本质极为深刻，适用于绝大多数问题，包括民主问题，包括市场问题，值得人们深思，以下还以市场机制为例。

市场是由绝大多数普通投资者组成的，他们的人数占据绝对优势，但平均资金量比较少。他们的决策可能不是很高明，因此很多时候并不决定市场方向，但这并不说明他们的力量不重要，因为他们的行为方式具有稳定的统计特性，正是这一点构成了市场的稳固基础和巨大的平衡力量，离开了他们，市场将不可能存在；市场参与者中还有极少数精英投资者，他们人数少，但是平均资金量较多。他们的决策可能常常比较高明，因此在大部分时候起到引导方向的作用，但是，他们并不能完全决定市场方向。这里只是为了便于说明问题，才故意夸大两种市场参与者的差别，并将他们对立起来。实际上在任何时刻，精英投资者之间往往也是意见不同的，他们之间也同时具有对手和联盟的关系。更重要的是，精英和大众投资者两个群体的成员组成完全是动态的，没有永远的成功者。

人类通常难以寻求什么是正确的终极标准，实际上也根本不存在所谓完美、理想的极端美好事物。终极裁判，那是唯有“上帝”才有的特权，人世间无论哪个人、哪些人，无论他或者他们多有智慧、多么英明，也没有能力、没有资格对另外无论哪个人、哪些人做出终极的裁决。棋步推算再深，结论只是相对深入，绝不可能覆盖全部应当考虑的因素，绝不可能完全把握问题的所有方面，因此，终极答案不存在于人类智慧范围之内。

万幸的是，反面的极端则确实存在，即确实存在关于什么是绝对必须避开的判定准则。对人类来说，没有什么比存在和持续更重要了，人类的大规模死亡，如大饥荒、大瘟疫，对人类的存在具有威胁，因此绝对必须避免。没有人类的存在，一切意义都不存在。

借助于这样的类比，我们就可以谦卑而符合实际地从功利的角度来看待所谓正确和错误的标准，其中正确的标准是相对的：凡事皆有成本，也有收益，一般而言，正确的标准就是以较小的成本换取较大的收益；错误的标准则是绝对的，如果所付出的成本大到一定程度，则量变导致质变，成本不再是成本，而是动摇了根本，即这样的成本付出已经危及民族存在和持续本身，因而绝对必须避免。将这两方面结合，就解释了上文所说的平衡机制，可见大众平衡机制在很大程度上就是中国人的老祖宗尊崇的“中庸之道”的本意。唯有在大众平衡机制下，才能前后一贯地避免绝对错误的极端情况，并在这样的前提条件下以较小的成本追求较高的收益。正是在这种意义上我们说，“大跃进、大炼钢铁、三年自然灾害”所付出的数千万人口非正常死亡的成本是不可接受的，这样的“成本”不是成本，是对本民族生存根基的人为破坏。

现在我们还是按照棋步的方式对市场功能进行一番思索。

棋步一：市场的基本功能是沟通买卖双方、发现价格、促进资源优化配置，但这一点并不是一目了然的。人们很容易注意到，市场“看不见的手”的作用具有明显的统计特性，属于随机过程。

自从牛顿的决定论诞生以来，人类就彻底皈依了机械决定论世界观，打心底里反感任何不受控制的“随机”现象，而那些有机会拥有权力特别是拥有不受限制的绝对权力的人、那些对自己的智慧估计到无比高度的人，对“随机过程”的反感更是达到了极致：难道还能有任何重要的因素独立地存在于在他们的权力和智慧的范围之外吗？绝不可能！在他们看来，结论很显然，必须也必定能够将一切他们认为需要纳入的因素统统纳入他们规定的、计划的一整套宏伟方案中，经过他们无所不在的权力的调度、调节而完美地运行，一切将是事先决定的，一切都将如同机器一般在最佳状态下运转，随机过程见鬼去吧。

因此，买方和卖方无需自己辛苦地到处寻找交易对手了，上头已经安排好了；交易价格也不必操心了，上头已经决定好了；资源配置更是不用操心了，计划里面已经包括了再合适不过的安排了。同理类推，思想的市场也具有统计特性、随机性，时时不符合预期，而计划就好得很、完美得很，可以事先设计、可以人为调控，因此计划和控制是不可放松的。

棋步二：市场的基本功能是什么？凭什么实现其基本功能？正因为市

场交易的基础建立在市场参与者的多样化分布上，才保证了市场的大众平衡机制的可靠、一贯的统计特性，才造就了较为成熟的市场条件；正因为市场满足一定统计特性，符合一定成熟条件，才真正反映了客观供给需求关系；正因为正常市场反应了客观供求关系，而客观现实总是不以任何人、任何一群人的意志为转移的，市场变化才在人类眼中成为“随机过程”。反过来，如果市场没有表现出“随机过程”的特征，而是由任何人或任何一群人所左右的，反倒说明一定在什么地方出了问题。市场之所以有存在的必要性，正因为正常的市场能够始终一贯地反映客观现实；计划经济之所以不能取代市场，正因为人类本性有缺陷，人类的智慧先天不足，不能够始终一贯地反映客观现实[①]。

计划经济没有公开竞争过程，没有机会集思广益，计划不能经受足够推敲，必然在大多数情况下相对地成本高昂、效率低下。最糟糕的是，在计划经济中缺乏自我修正机制，常常一条道走到黑，无可避免地导致极端情况的出现，危及社会和民族生存的根基，危及整个经济体系生存和发展的根本。

棋步三：反对者说，市场并不是万能的。恰当的说法是，市场功能的实现必须在一定的市场条件下，对市场参与者来说，就是社会成员广泛参与，大家都遵守必要的游戏规则；就信息流动来说，就是市场信息能够立即、同时传递到所有市场参与者和所有潜在市场参与者面前，而市场参与者的交易指令同样能够立即传递到交易所；就资金流动来说，就是资金自由流动，市

① 汪丁丁在“社会选择，市场经济与自由——从1998年诺贝尔经济学奖引出的思考”中写道：我说过，“市场经济”只是我们从必然王国走向自由王国的一个过渡阶段，对多数人来说，这是一个不可超越的过渡阶段。如果你不承认这一点，你不妨看看我们周围有多少人可以完全忽视物质生活的质量而终身沉浸于崇高的自由精神的生活当中。不错，任何一个具体的“市场经济”总有阴暗的方面，这些方面需要我们去批判。当我们在数学上终于证明亚当·斯密的“看不见的手”的定理时，我们的数学表述（也叫做“福利经济学第一基本定理”）简洁地结论说：如果一切经济资源都是私人占有的，如果自然界的一切过程都是连续的，如果市场价格是人们据以调整自己的生产、消费，和交换行为的唯一信息来源，那么人们的自利动机总可以把社会带到资源有效配置的状态中。与这一定理相补的另一个定理，也叫做“福利经济学第二基本定理”，是这样表述的：对任何的一个资源有效配置状态，总存在至少一个财产初始分配方案，使得在这一财产分配基础上展开的自利的个人的生产、消费和交换行为，最终把社会带到那个给定的资源有效配置状态中。参见网址 http://cnnobel.com/。

场保持开放。只要满足了市场运行的充分必要条件，则市场必定能够发挥其应有的功能（抱歉，这也有一点机械决定论的味道）；**如果不满足市场所必须的条件，那么即使打着现代市场机制、现代经济的旗号，有什么样的市场，就能得到什么样的奇怪结果，甚至比预期的更多、更花样百出，万变不离其宗的是“市场”统计特性的丧失，对那些在“市场”上翻云覆雨的能人们来说，“市场”不但没有什么“随机性”，反倒如此驯顺，以至于即使计划经济也赶不上“市场”为他们带来的呼风唤雨的便利。**但是，那不是市场的问题，而是条件的问题。就市场参与者一方来说，关键在于游戏规则，有没有公正、公平、公开的游戏规则，有没有严格、一贯地、公正、公平、公开地贯彻这样的游戏规则，乃是市场功能的必要条件。只有如此，才能得到稳定可靠的市场统计特性，才能得到市场变化的随机特性——谁说了都不算，唯有市场说了算。

汽车的基本功能是什么？将化学能转化为路面上的机械能。这一功能发挥的先决条件是在合适的时机、在合适的空间，同时具有汽油、空气、点火三个条件。检查汽车的基本技巧就是油路、气路、点火。汽车坏了，不是汽车将化学能转化为路面上的机械能的基本功能坏了，而是上述三条件未能满足。只要同时满足了所有必要和充分的条件，则汽车必定正常发挥功能。问题在于，就汽车这一问题而论，你决不应该指着飞机、火箭说，汽车不是万能的。那是另外的问题[①]。

国内股票市场最令人担忧之处，正是在于市场条件的不足。实际上前面一部分关于股市数年后前景的看法正是基于市场条件不能满足、市场基本功能长期得不到发挥这一点而言的。

批评市场的人常常指出，市场也可能造成极端状况，如历史上最经典的

① 汪丁丁在“社会选择，市场经济与自由丨—从 1998 年诺贝尔经济学奖引出的思考”中写道：就目前而言，把“劳动”从旧制度的压抑下解放出来的任务还远未完成，劳动者甚至远未获得“自由选择”的权利。中国问题的复杂性在于，形成“新制度”的过程从一开始就同时伴随着旧制度的“权力寻租者”腐蚀新生制度的过程。这样一种复杂迷惑了我们，并使我们产生两种思想倾向：（1）将“中介”过程的一切腐败归咎于新生制度，要求返归那个平等和无差异的贫困的旧制度；（2）厌倦了这一切“中介”，要求超越发展和进步的“线性历史观”，直接进入“绝对真理”。这两种思想倾向都不是直面现实的。

几个例子，18世纪初法国约翰·劳的“密西西比圈套”和英国的“南海泡沫”事件等[②]，其实往往正是市场被极少数人操纵的结果，或者其他市场条件未能满足的结果。

*

千万不要以为凡事深一层想一想的习惯是一件容易的事。最好凡事假定自己只能在一时、一事上偶然深思一层、两层，因此凡事多了解基本事实，多问为什么，这样才能如履薄冰、坚持一贯，保持自己的独立人格，在市场操作中以较小成本争取较大收益。

这里有最近一个例子。在关于如何治理国内通货紧缩的问题上，国内有关官方人士、饱学智囊可能没有深一层思考，而是浮于表面。国内消费者物价指数持续20多个月下跌，有关人士总算不再争论这到底算不算“通货紧缩”，转而忙着开出种种神奇单方。他们认为，因为消费者不愿意消费，购买力下降，所以生产商库存增加，物价下跌，因此解决通货紧缩的办法当然是必须设法让大家掏钱。其中一个主意是大幅度提高教育费用。不幸的是这个主意正被奉为正解而大力推行。

什么因素决定人们的消费支出？现有的收入是基本线索，但是具有决定意义的因素是人们对未来收入和支出状况的预期。当前通货紧缩的直接原因在于消费者收入和支出预期的负向背离，一方面，消费者收入普遍下降，另一方面，子女教育、住房、医疗、养老等四个重要生活领域的开支大幅度上升。结果造成了这样一个循环，一边是各色垄断行业（请注意，不是市场化的行业）漫天要价，行情看涨，一边是消费者物价水平螺旋下降。这几年来大、中、小学乃至学前教育的价格屡屡上涨，在通货紧缩的大背景下尤为 刺眼。

老子说“反者道之动”，就是说应当避免头痛医头、脚痛医脚的肤浅思维。换句话说，为了达到引导百姓消费的目的，不但不应采取迫使增加生活开支

② 关于这些事件的经典之作为查尔斯·麦凯著的《关于异常大众错觉和群体疯狂症的研究报告》，1852年出版。海南出版社2000年出版了一册中译的简本，《投机与骗局》，向桢译。

的方法，反而应当采取减少开支的方法。说白了就是，你觉得未来开支太多、太不确定，我就尽可能帮助你削减开支，并且采取措施使你的未来开支大致限制在可预见的范围内；你觉得收入不够，我就尽可能鼓励创业、鼓励投资，让大家都能找到饭碗。反过来，因为我不愿意花钱，你就提高价格逼迫我多花钱，那么我就更加不敢花钱了——逼迫的效果充其量使我不得不从别处省下来，花在不得不花的地方，但是总的感觉一定是雪上添霜。

如果按照这些经济学家的方子吃药，无疑强有力地肯定了子女教育开支上升的现状和趋势。这或许有助于当前或将来从消费者腰包里掏出更多的钞票，但是只要消费者收入增加的幅度、持续增加的可能性比不上教育等开支的增长势头，这样的办法就不但不能解决任何问题，反而火上浇油，可能导致通货紧缩的新一轮循环。

这一例证对我们最大的启发在于，凡事多掌握基本事实、深一层思考的方法并不是一件轻而易举的小事，即使某人身居高位或者名声显赫也不必然表示他总能比您深一层思考。普通市场参与者在投资决策过程中应当在充分自信的基础上自强不息，尽可能掌握更多的基本事实，更深入一层思考，不轻信企业、股评家、报纸广播的说法，则必能取得较好的投资成果。在某种意义上，投资回报正是对上述劳动的回报，没有付出这样的劳动，满意的回报当然是奢望。这就是“智者千虑，必有一失；愚者千虑，必有一得”的本意，算得上“反者，道之动”的第二方面应用。

另外一种常见的情况是，言者已经看到了深一层的问题，但是为了种种目的，故意将肤浅的主张大事声张。这大约正是尼尔笔下典型的宣传家的做法，如此看来，普通投资者非得养成凡事深一层思考的习惯不可，否则常常被庄家牵着鼻子走而不自知、被庄家卖了还帮人点钞票。

*

王溯舸先生和黄永山先生是我的朋友，是国内金融界的成功人士，对市场有深刻理解。我时常能够通过与他们的交流得到珍贵的启示和教益。这本书的中译本缘起于永山的推荐和鼎力襄助，得力于溯舸的穿针引线，终于能够顺利面世。

感谢王溯舸先生、黄永山先生。感谢所有关心、鼓励、督促译者的朋友。感谢先后为此书录入手稿的王骞、孙捷女士。

关于译者和他的著作

丁圣元1990年毕业于北京大学，获得硕士学位，毕业后先后从事外汇交易、股票和债券投资管理、金融市场研究和金融产品设计等业务，有20年的金融市场实务经验，既是我国著名的投资思想家和金融翻译家，也是活跃在国内金融市场前沿的实践者。

1993年1月至1996年8月，他曾在《经济日报》国际版撰写“外汇走势参考”每周专栏，分析国际汇市行情，很受国内同行欢迎。

1994年，译作《期货市场技术分析》出版（约翰·墨菲著，地震出版社）。约翰·墨菲是著名美国市场技术分析大师。他因为《期货市场技术分析》的影响而两度获得美国市场技术分析师协会的年度大将。美国联储银行（the Federal Reserve）赞扬《期货市场技术分析》一书是市场技术分析领域的“圣经”。

该书中文版自首次出版以来，经过多次校勘、修订，重印20余次，常销不衰，成为国内市场技术分析领域最重要的、最受推崇的经典著作。《期货市场技术分析》的修订版《金融市场技术分析》经过译者的精心翻译、校订，2010年7月再度由地震出版社推出。

1998年，译作《日本蜡烛图技术》出版（史蒂夫尼森著，地震出版社）。本书系美国市场技术分析家史蒂夫·尼森（Steve Nison）的技术分析名著。本书首次出版于1998年，12年来年年再版，被誉为蜡烛图技术最权威的著作，在读者中间通常作为首选参考书来推荐。

本书对日本蜡烛线图分析技术进行了全面、实用的讲解。本书内容全面、

条理清晰、语言平易，其图例典型、生动，覆盖了期货、债券、股票、外汇等各类市场，因此，既适合初入股票市场、期货市场的新手，也对技术分析老手有很大裨益。

史蒂夫·尼森本来在西方技术分析领域已经颇有造诣，后来对蜡烛图发生了浓厚的兴趣。多年来，他埋头探索，勤于向日本同行学习，在实际市场操作中百折不挠地广泛实践，所以最终能够修成正果，在本书中将蜡烛图技术的真谛娓娓道来。另一方面，由西方人来介绍东方的技术分析方法，而作者恰巧在西方技术分析和蜡烛线图技术上均有很高的修养，因此，本书的一个重要特色就是，恰如其分地将东、西方技术分析方法结合起来。

2000年，译作《逆向思考的艺术》出版（汉弗莱·B·尼尔著，地震出版社，2010年修订再版）。本书由两部分组成。第一编标题为“逆向思考是值得的”，是作者撰写的一篇论文，对相反意见理论进行了完整和连贯的研究。第二编，是作者的一系列简短的随笔，将逆向思考方法应用于他那个时代的现实之中，意在为我们进行精彩的实例示范，启发我们将逆向思考的艺术实际应用到今天所面临的现实问题中。

汉弗莱·B·尼尔是现代逆向思考理论的创始人，他的《逆向思考的艺术》是该理论开山之作。在这部经典著作中，尼尔通过对群众心理、舆论宣传及人类行为的剖析，提出了相反意见的行为准则。他指出当公众意见趋向一致之时，往往也是其错误形成之际，从盛行的想法与意见出发，“对新闻、评论以及困扰着我们的无数预言从相反的角度进行观察与深思”，领先于大众感悟到趋势的变化，择机采取相反的行动。

本书最初出版于2001年，后来市面上曾经难以找到。为了满足读者的需求，译者在2009年对全书进行了精心的修订。

2001 年，著作《投资正途——大势•选股•买卖》出版（地震出版社，2008 年修订再版）。本书继承并发扬了中国古典哲学思想，将之应用于实务，受到各方读者推崇。本书试图从正反两个方面来探讨系统化的投资方法。正面，介绍一套完整的技术分析操作方法，包括研究大势、选择个股、 买卖决策、资金管理、投资组合管理等方面（第二章至第六章）；反面，介绍投资者常见的一些错误，希望投资者通过一次一类地避免重复性的错误，少走弯路，尽早踏上投资正途（第七章至第十二章）。

研究大势，要点在于从大环境选择适合的交易时机。选择股票，要点在于选择股票由弱转强、同步转强、强者恒强的时机。

成功需要任何方面都成功，不成功则只需要一个地方出问题就够了。失败很容易，也很常见。投资者的命运就是投资者所处的趋势，这个趋势是由投资者行为模式所导致的循环过程所决定的。人类为了摆脱命运，既需要外在的自由，也需要内在的自由。从投资者常见的错误这一点来说，关键是不要被我们自己的积习、旧行为模式所奴役。

2002 年，著作《国债投资指要》出版（经济管理出版社）。本书比较了投资国债和储蓄存款的异同，揭示了两者应有的正常关系；研究了国债价格演变的理论依据，以及 2001 年到 2002 年国债市场的结构性调整；从交易所国债的流动性、收益性、价格波动性等几方面入手选择国债品种，再根据国债收益率曲线和基准线的对比等因素选择买卖时机。

2003 年，译作《股票大作手操盘术》出版（［美］杰西•利弗莫尔，经济管理出版社）。杰西•利弗莫尔是一位华尔街传奇人物，本书详细讲解了他的交易技巧和方法。正因为他是一位数十年征战市场的实践者，写的又完全是自己的实践经验和教训，既讲解了他的实用理论，又介绍了具体做法，因此，本书具有完全不同于理论书籍的独特价值。